Alle Rechte vorbehalten, insbesondere das der Übersetzung, des öffentlichen Vortrags sowie der Übertragung durch Rundfunk und Fernsehen, auch einzelner Teile. Kein Teil des Werkes darf in irgendeiner Form (durch Fotografie, Mikrofilm oder andere Verfahren) ohne schriftliche Genehmigung des Verlages reproduziert oder unter Verwendung elektronischer Systeme verarbeitet, vervielfältigt oder verbreitet werden.

Alle Angaben erfolgen ohne Gewähr. Weder der Autor noch der Verlag können für Nachteile oder Schäden Haftung übernehmen, ebenso nicht für Personen-, Sach- oder Vermögensschäden.

1. Auflage	April 2017
Verlagsanschrift	Kreuzstraße 23 D-91077 Neunkirchen
	Deutschland
Internet	www.prozessmanagement.de
E-Mail	info@prozessmanagement.de
Satz und Layout	© IPM Edition

Bibliografische Information der Deutschen Nationalbibliothek:
Die Deutsche Nationalbibliothek verzeichnet diese Publikation in der Deutschen Nationalbibliografie; detaillierte bibliografische Daten sind im Internet über http://dnb.dnb.de abrufbar.

© 2017 Name des Autors/Rechteinhabers : **Helmut Moldaschl**

Illustration: © IPM Edition
Translation: © IPM Trans
Bildnachweise: © IPM Edition

Herstellung und Verlag:
BoD – Books on Demand, Norderstedt
ISBN 9783743191488

Helmut Moldaschl

Die sieben Todsünden des Prozessmanagements

Fachbuch

© IPM Edition

Kapitel		
1	Wozu das Ganze?	8
2	Kleine Beispiele	11
3	Was ist Prozessmanagement	13
4	Prozesselemente	14
5	Prozessrealisierung	14
6	Welche Verfahren?	16
7	Prozessfehler und lukrative Jobs	19
8	Die Vorhölle des Qualitätsmanagements	23
9	Die Todsünden TS des Prozessmanagements	25
9.1	TS 1 Ungeeignete Projektorganisation	27
9.1.1	Das Problem	27
9.1.2	Die Problemlösung	30
9.2	TS 2 Blindflug durch das Projekt	33
9.2.1	Die Fehler	33
9.2.2	Die Problemlösung	35
9.3	TS 3 Sonderbare Barrieren	38
9.3.1	Naturgesetze	42
9.3.2	Objektbarrieren	43
9.3.3	Strukturbarrieren	45
9.3.4	Kulturelle Barrieren	46
9.3.5	Rechtliche Barrieren	48
9.3.6	Die Zeit als scheinbare Barriere	49
9.3.7	Schnittstellen	50
9.3.8	Modische Randbedingungen	51
9.3.9	Unauffindbare Dokumente	53
9.4	TS 4 Ungenutzte Ressourcen	54
9.4.1	Abschätzung des Ressourcenaufwands	55
9.4.2	Prozesskonsistenz von Ressourcen	57
9.4.3	Organisationskonsistenz von Ressourcen	58
9.4.4	Planung von Ressourcen	58
9.5	TS 5 Unterschätzte Prozessrisiken	59
9.5.1	Objektive Risiken	61
9.5.2	Gemischte und fiktive Risiken	62
9.5.3	Erkennen und Entdecken von Risiken	64
9.6	TS 6 Missachtung der Kundenforderungen	64
9.7	TS 7 Unkenntnis der Situation	67
10	Abschluss	86
11	Literatur	86

Abbildungen

Abbildung 1: Krankenhaus. Prozessablauf (Ausschnitt) 31
Abbildung 2: Krankenhaus. Optimierte 2-dim. Organisationsstruktur 32
Abbildung 3: FACETS Prozessmodell. Gesamtdarstellung. Projekt: Austausch von Pumpengehäusen. 34
Abbildung 4: *fuzzy matrix*™. Wechselseitige Prüfung der Wissensebenen 37
Abbildung 5: Deutsche Telekom. Struktur Gesamtprozess 84
Abbildung 6: Deutsche Telekom. Ausschnitt Gesamtprozess 84

1 Wozu das Ganze?

Seien wir doch ehrlich. Unser Leben soll schön, einfach, bequem, sicher und dabei so gesund wie möglich sein. Das interessiert und treibt uns.

Das funktioniert aber nur mit guten, preiswerten und stets verfügbaren Produkten. Autos, Flugzeugen, Waschmaschinen, Fernsehern, Computern, Handys, Schuhen, Getränken, Zahnpasten, Cremen, Nahrungsmitteln. Aus besten Rohstoffen, Agrarprodukten, Medikamenten, Ergänzungsmitteln, schlichtweg alldem was wir für unser Leben unbedingt zu brauchen meinen. Sport nicht zu vergessen. Fußball. Tennis. Ski. Und Reisen überall hin. Ostasien. New York. Kanada. Antarktis. Mit modernsten und bequemsten Flugzeugen und Schiffen. Ganz nebenher wollen wir natürlich auch gesund leben. Lange leben ohne alt zu werden. Dazu darf nirgendwo ein Fehler passieren, nicht beim Transport, der Versorgung, Entsorgung, in der Ernährung, der Pharmazie, im Krankenhaus, nirgendwo, und deshalb brauchen wir ein funktionierendes Prozessmanagement. Wenn alle Prozesse nahtlos ineinander übergehen sollte nichts mehr schiefgehen. Und wir wollen nichts von alldem merken, nicht belästigt werden. Es soll im Hintergrund geschehen.

Das sind die Wünsche. Und wie sieht die Realität aus?

Die Realität ist wesentlich komplexer, als sich dies der Bürger vorstellt, denn alles hängt mit allem zusammen und überall können Fehler gemacht werden. Auf diese werden wir bald zurückkommen.

Die Voraussetzung für einwandfreie Produkte sind also einwandfreie Grundstoffe und einwandfreie Prozesse, also Abläufe, Vorgänge, Ereignisse, in denen die Grundstoffe zu optimalen Produkten umgewandelt werden. Am besten homöopathisch. Das wünschen sich viele von uns. Da wird ja so viel darüber geredet. Grundstoffe also, die gut schmecken und gesund sind, weil sie *regionaler Herkunft* sind und *fair*. Auf der Basis von Prozessen, gegen die es keinerlei Einwand gibt. Das gilt nicht nur für die Herstellung, die Fertigung, sondern auch für jede Art von Dienstleistung, zu denen Reparaturen, Transporte, die Ver- und Entsorgung und nicht zuletzt eine bezahlbare und wirksame Kranken- und Altersversorgung zählen.

Prozesse, ohne dass sie in Erscheinung treten und uns damit bewusst werden, betreiben das zentrale Geschehen unseres Alltags. Sie steuern, leiten und lenken es, und damit stellt sich die Frage, wie man alles gestalten muss, dass es immer und überall fehlerfrei, effizient, schnell und letztlich erfolgreich abläuft.

Eine Klinik ist ein hervorragendes Beispiel, denn dort läuft alles wie am Schnürchen, und erst wenn man dort behandelt wird, hat man viel Zeit darüber nachzudenken kann und wird nun alles beobachten. Das tut man nicht, solange man gesund ist. Man analysiert auch seine Abläufe nicht, solange sie in Ordnung sind. Erst wenn die Bahn Verspätung hat oder ein Flieger ausfällt oder der Strom.

Prozesse laufen nicht ohne unser Zutun, erst wenn wir ein unbrauchbares Produkt erhalten oder ein unzulässiger Zustand eingetreten ist, wenn etwas nicht oder nicht mehr richtig funktioniert, verdorben oder vielleicht gar nicht vorhanden ist, dann wird uns bewusst, dass vermutlich in den Vorgängen etwas nicht gestimmt hat. Diese Feststellung ist trivial, nicht trivial ist die Antwort auf die Frage nach der Ursache. Es gibt unzählig viele Möglichkeiten. Vielleicht ist irgendwo ein Bauteil ausgefallen, ein Vertreter einer Firma krank geworden, jemand ist in Urlaub oder es ist ein Produkt gar nicht mehr erhältlich. Vielleicht weil es sich nicht mehr lohnt, es herzustellen oder der Apparat schon zu alt ist.

Den oder die Fehler für diesen Missstand zu finden kann einfach, aber auch sehr knifflig sein, zumal es meistens mehrere miteinander verknüpfte Einflussgrößen sind, die einen Prozess und die Produktqualität, die aus ihm entsteht beeinflussen, also erfolgreich machen oder missraten lassen. In einer technischen Umgebung und ihren Abläufen sind die Merkmale der Komponenten und die Zusammenhänge zwischen ihnen, auch wenn sie für den Laien sehr kompliziert wirken mögen, immer klar definiert. Sie sind es aber nicht zwischen den Menschen in den Prozessen, und das macht die Sache recht kompliziert.

In einem Krankenhaus wirken auch viele Menschen, und doch ist hier vieles ganz anders organisiert, als im Alltag. Ich hatte leider eine Zeit hindurch als Patient mit einer schweren Krankheit Gelegenheit, die Prozesse zu beobachten und hatte mich zufälligerweise schon vorher mit dem Prozessmanagement in Krankenhäusern beschäftigt. Da läuft alles scheinbar leicht und fehlerlos, weil es vielfach erprobt ist. In einem Krankenhaus wirken technische und menschliche Prozesse in hervorragender Art miteinander, obwohl soziale Prozesse ganz andere Probleme bereiten, als technische. Das ist das Bemerkenswerte an einem Krankenhaus.

Reine technische Prozesse hingegen haben eine klare Struktur, denn wäre das nicht der Fall, dann wäre der Fertigungsprozess eines Kraftwerks, eines Flugzeug oder eines Autos von zahlreichen zufälligen, subjektiven und unvorhersehbaren Qualitätsmerkmalen seiner Komponenten begleitet, und das Endprodukt würde nichts taugen.

Denken Sie an die Verkehrseinrichtungen in unseren Städten oder an die Müllabfuhr. Hier muss alles wie am Schnürchen laufen, und es läuft im

Regelfall so, dass wir es gar nicht mehr bemerkten, und deshalb interessiert es uns auch nicht mehr

Prozesse in Umgebungen, in denen viele Menschen arbeiten und jeder in seiner Arbeit von vielen Ergebnissen anderer abhängt, die er nicht einmal kennt, sind schwieriger zu handhaben und tückischer, als die Prozesse von Abfüllmaschinen, auch wenn sie auf den ersten Blick so kompliziert wirken und auch technisch kompliziert sind.

Ein Bäckerladen oder ein Schuster, dessen Arbeit ausschließlich darin besteht, alte Schuhsohlen gegen neue zu tauschen, hat zwar andere Probleme, als die Telekom, doch selbst solche kleinen Dienstleister haben ihre kleinen und feinen Prozesse, deren Komplexität man nicht unterschätzen sollte. Vor allem haben sie besonders kritische Kunden, mit denen sie direkt in Kontakt stehen und die ihnen schonungslos ins Gesicht sagen, wenn ihnen etwas nicht passt. Das ist im Supermarkt nicht der Fall, denn dort wird das kaputte Produkt einfach ausgetauscht, ein Handel um den Preis findet dort nicht statt, die Bedingungen sind klar und unverrückbar. Einen Kundenkontakt wie im Bäckerladen gibt es nicht mehr, und auch sind *Begegnungen* von Kunden und Lieferanten emotionsloser als beim kleinen Bäcker. Vermutlich ist auch dies, neben dem Preis, ein Grund für den Erfolg von Supermärkten.

Prozesse in großen Firmen und erst recht in multinationalen Konzernen müssen ganz anders gehandhabt werden, als lineare Abläufe mit klarer und leicht fassbarer Schrittfolge. Sie müssen auch anders gehandhabt werden als komplizierte technische Prozesse, in denen Fertigungsmaschinen oder Roboter die wesentliche und direkte Rolle spielen und wo es keine *Missverständnisse* gibt.

Maßgebliche Herausforderungen in solchen Unternehmen sind die *Organisationsprozesse*, die Bewältigung multidimensionaler sozialer Komplexität, die sich nach und nach aus einer raffinierten Arbeitsteilung ergeben hat. Solche Prozesse brauchen spezielle Behandlungen, da sie viele qualitative Einflussgrößen enthalten, die sich über komplexe Strukturen hinweg gegenseitig ergänzen, aber auch irritieren und sogar stören können, und die sich kaum quantitativ erfassen lassen. Nicht einmal innerhalb und erst recht nicht über die Grenzen solcher Organisationsstrukturen und ihrer Prozesse hinweg sind diese Zusammenhänge bekannt und quantifizierbar, und noch schwieriger sind sie in ihrer Vielfältigkeit zu durchschauen.

Wohl wird aber nicht selten so getan, als wäre das der Fall. Jene, die das behaupten und die ihre Existenzberechtigung daraus ableiten, sind in der Regel extrem gut bezahlte Mitspieler in dieser Struktur. Diese Leute nennt man *Unternehmensführung*. Sie müssen ihre Gehälter rechtfertigen, müssen Zuversicht, Kompetenz und Entscheidungsfreude ausstrahlen, und wenn etwas ganz offensichtlich nicht durchschaubar ist, müssen sie es so darstellen. Sind kritische Entscheidungen gefragt, nach denen eventuell *Köpfe rollen* müssen, dann kaufen sich diese Leute die Köpfe externer Berater ein, die ihnen gegen gutes Geld dabei helfen, die Problemfelder so lange zu trivialisieren und mit kindlichen Schaubildern zu versinnbildlichen, bis der letzte verantwortliche *Entscheider* glaubt, er hätte den diffusen Mist verstanden und könne ihn jetzt seinen Mitarbeitern erklären. Diese tun dann auch so, und so verbreitet sich der Unsinn im Unternehmen und wir dort sukzessive zu einer der Wahrheiten, die fürderhin kursieren.

Diese Praxis der Geldschneiderei durch Externe wird zum dann multinationalen Problem, wenn aus dem lokalen Unwissen einiger Firmen Regeln, Richtlinien, Verordnungen und Normen gebastelt werden und deren Erfüllung in unverschämter Weise zu Geld gemacht wird. Damit sollen keineswegs technische Normen verdammt werden, die die Grundlage für die Erfüllung von Forderungen bilden. Den nichtsnutzigen Scharlatanen allerdings, die sich in der modernen Industriegesellschaft herumtreiben, sollte die Stirn geboten werden. In namhaften Industriebetrieben gibt es genügend Fachleute, die besser wissen, was zu tun ist, als unbedarfte Beamte der EFQM (European Foundation for Quality Management), die sich mit dem Nachweis bürokratischer Inkonformitäten und infantilen Schaubildern zur Lösung schwierigster organisatorischer Probleme goldene Nasen verdienen.

2   Kleine Beispiele

Man sagt, an Beispielen lerne man alles viel schneller und leichter:

> *Das Auto ist in Deutschland immer ein wohltuendes Beispiel. Wie sehr es in Michels Herz verankert ist, merkt man an kleinen Fragmenten, wie 'am Kometen dem das Benzin ausgegangen ist', den 'Strom-, Daten- und Fahrradautobahnen', aber auch an 'Schifahrern die Gas geben'.*

Jeder kennt und benutzt das Auto und freut sich daran und sitzt gerne drinnen. Und doch haben nur wenige den Schimmer einer Ahnung, was da alles funktionieren muss, wenn man am Lenkrad dreht. Sie wissen nicht eigentlich wie es funktioniert und warum, und der Normalbürger hat auch kein Interesse daran und keine Zeit, sich darum zu kümmern, warum der Motor nicht spring wenn er *anspringt*, wenn man den roten Knopf drückt, was im Getriebe los ist oder an den Bremsen, wissen nicht, warum sie bei einem Schaltgetriebe die Kupplung treten müssen, wenn sie nach dem Schalthebel greifen und was der *Gang* ist, obwohl sie im Büro und am Sandkasten dauernd davon reden. Erst wenn der Motor still bleibt oder die Bremsen nicht so recht funktionieren wie sie sollen, wenn es irgendwo klappert oder quietscht, wird es – und zwar sofort und im negativst denkbaren Sinn – für sie interessant, weil das jetzt Ärger machen und Zeit und Geld kosten wird, weil die Automobilhäuser nur von geldgierigen Schweinen besetzt sind.

Der Unterschied zwischen technischen Fehlern in einzelnen technischen Komponenten und Fehlern in Industrieprozessen liegt in deren Wirkung. Die spezifische Wirkung einer Komponente kann sehr hoch sein. Beispielsweise können die Bremsen eines Benzintransporters versagen oder die eines Autobus und solche Kisten dann irgendwo hineinkrachen.

Fehler in Industrieprozessen hingegen werden nur selten lokal beschränkt bleiben, sondern sich vielfach multiplizieren, es werden also andere Prozesse, viele Produkte und damit viele Kunden betroffen sein, etwa wie wenn ein Medikament falsch wirkt.

Die Belastung von VW in den letzten Jahren ist ein Beispiel eines solchen Prozesses. Eine falsche Entscheidung, ein falscher, irregulärer oder sogar illegitimer Schritt in einem Prozess kann ein Unternehmen bis an die Zerreißgrenze belasten. Darum ist es wichtig Ursache und Wirkung weitreichender Fehlerquellen zu kennen.

Dem normalen Bürger bleiben die meisten Prozesse verborgen. Ihn interessieren nur die Ergebnisse am Ende eines Prozesses. Das Dazwischen braucht ihn nicht zu interessieren. Andere Effekte sind interessanter:

Werde ich pünktlich ankommen, wenn ich mit der Bahn nach Paris fahre? Was kostet es? Wie riskant ist es, nach Paris zu fliegen? Was braucht das Auto an Treibstoff? Habe ich einen finanziellen Verlust, wenn ich mein Haus verkaufe? Ist das Dach dicht, wenn es die Fa. X repariert? Wie lange dauert die Reparatur?

Nur wenige Kunden interessiert es, in welchen Schritten ein Produkt zustande gekommen ist, wie zum Beispiel die Schuhe gefertigt wurden oder das Mountainbike. Der Nachbar interessiert sich nicht für den Nachbarn, auch nicht ob dessen Kind krank ist. Interessant ist es, wenn er eine Minute auf die Abfahrt des Zuges warten muss. Die Gesellschaft hat sich verändert, und das Prozessmanagement muss sich anpassen. Ob es will oder nicht.

Wenn jemand sein Auto zur Reparatur bringt, interessiert es ihn nicht, was damit passiert. Es interessiert ihn nur, wie lange es dauert, ob alles wieder in Ordnung ist und was es kostet.

Bei eine Hausdachreparatur wird es ihn interessierten, ob er in der Reparaturzeit vor Ort sein muss, ob jemand der Firma, die die Reparatur durchführt Zugang zum Inneren des Hauses haben muss, wie lange es dauert und ob es Schmutz macht. Und auch hier ist natürlich die Frage, was es kostet, ob er sich als Eigentümer um den Abfall kümmern muss und wer die Baustelle absichert.

Sie merken: es gibt Prozesse, in die Sie integriert, also eingespannt sind. Den meisten Menschen ist das nicht recht, denn wer opfert schon gerne seine Freizeit für Überflüssiges.

3 Was ist Prozessmanagement

Ehrlich, ich finde den Begriff schick, er hat sogar einen gewissen Sex Appeal, allerdings muss er definiert werden, sonst kann man ihn nicht diskutieren, denn klare und unmissverständliche Definitionen sind auch ein wesentlicher Bestandteil des Prozessmanagements, doch verstoßen selbst Auditoren gegen diese Vorschrift und diskutieren nicht selten ins Blitzblaue.

Nur am Rande bemerkt: In Fernsehdiskussionen über Kraftwerke werden die Begriffe ‚Arbeit' (Kilowattstunde) und ‚Leistung' (Kilowatt) munter durcheinander geschmissen, ohne dass das jemanden stört. Nach Kritik an diesem Vorgang wird nicht selten darauf hingewiesen, man solle es doch ‚nicht so genau' nehmen.

Als ob es auch möglich wäre, Werte für die Entfernung (Kilometer) und die Geschwindigkeit (Kilometer pro Stunde; vulgo ‚Stundenkilometer') miteinander zu vergleichen.

Auch wird nicht selten vom ‚Kleinsten Gemeinsamen Nenner' gesprochen, auf den man etwas bringen müsste, und der Größte gemeint.

Man sollte sich also mit der Definition von *Prozessmanagement* beschäftigen: Es setzt sich nämlich aus den Begriffen *Prozess* und *Management* zusammen, und dann stellen sich die Fragen: *Was ist ein Prozess?* und *Was ist Management?*

Ein *Prozess* ist eine Abfolge von Ergebnissen, die über Tätigkeiten verbunden sind und durch diese Tätigkeiten verändert werden. Aus mehren Ergebnissen entsteht ein anderes Ergebnis oder entstehen mehrere andere Ergebnisse.

Management ist, wie *Prozess-Management*, die Organisation von Aufgaben und Abläufen. Die Ableitung des Begriffs aus seiner Wurzel ist zwar nicht gesichert, doch ist das Lateinische *manus agere*, also das *An-der-Hand-Führen*, eine plausible Interpretation der Herkunft.

Genau genommen ist der Begriff *Prozess-Management* also wie *der Weiße Schimmel* ein Pleonasmus.

4 Prozesselemente

Es gibt viele Darstellungsmöglichkeiten von Prozessen und eine ebensolche Vielfalt von Software-Tools und ihrer Anhänger.
Ich bin Fan einfacher Darstellungen: mit den Elementtypen *Ergebnis* und *Tätigkeit* können Prozesse beliebiger Art und Komplexität dargestellt werden. *Ergebnisse* werden durch *Tätigkeiten* ineinander übergeführt. [1]
Übersichtlichkeit und Aussagekraft manch phantasievoller Darstellungsart stehen oft in krassem Widerspruch zueinander. Manche Illustrationen können den Inhalt eines Prozesses nicht wiedergeben und sind daher auch für seine Analyse ungeeignet, man hat aber den Eindruck, die Modellierung und Analyse ohnedies niemanden interessieren. Offenbar ist es egal, ob der Flughafen Berlin zum dritten oder vierten Mal umgebaut werden muss, zumal sich niemand vorher überlegen möchte, welchen Zweck ein Umbau haben soll, also welches Ziel man ansteuert, wie er ablaufen muss und welche Kosten dabei entstehen. Statt ein Modell zu analysieren probiert man lieber jahrelang herum und setzt Milliarden in den Sand.
Unter den Befürwortern und Gegnern von Darstellungsart und -technik wird jeder Fan behaupten, er hätte recht, und er wird daraus schließen, dass nur er erfolgreich sei; niemand aber kann sagen, ob das wirklich stimmt.
Eine zweckmäßige Modellierung, ist übrigens eine der wichtigsten Voraussetzungen für erfolgreiches Prozessmanagements und den Erfolg eines Projektes, denn wenn es professionell und konsequent durchgeführt wird, kann damit jede Unzulänglichkeit entdeckt werden. Beim BER wären die Kosten für eine solche Analyse vernachlässigbar gewesen. Man hätte die aufkommende Krise der Verkabelung sehr früh entdeckt (vgl. Kap. 9.7, Telekom; Unkenntnis der Situation). Je früher dies der Fall ist, umso besser ist es für die Sache, je später umso kostspieliger ist es. Es lässt sich mit der Entwicklung von Computerprogrammen vergleichen: je später dort der Fehler auftritt, umso schwerer ist er zu finden und umso kostspieliger ist seine Beseitigung. Also sollte man alle Fehler- und Fehlerquellen möglichst früh zu entdecken versuchen.

5 Prozessrealisierung

Irgendwann nämlich kommt die Stunde der Wahrheit. So einfach die Beschreibung eines Prozesses zu sein scheint, umso schwieriger ist seine zielgenaue und fehlerfreie Umsetzung in die Realität. Die Fabrikation aller modernen Produkte orientiert sich an einer Abfolgebeschreibung: aus mehreren Ergebnissen (*Input*) entstehen durch eine Abfolge von Schritten (*Tätigkeiten*) Ergebnisse gewünschter Qualität und gewünschter Funktionalität (*Output*).

Beispiel 1: Aus einem Motor, einem Chassis, einem Getriebe, der Elektrik, der Elektronik, aus den Rädern und anderen Bestandteilen entsteht ein Auto. Aus einem Zylinderblock, einer Kurbelwelle, aus Pleueln und Ventilen und vielen anderen Bestandteilen war vorher der Motor entstanden; aus Blechen, Dichtungen, Rohren und vielen anderen Bestandteilen das Chassis, in das dieser Motor eingebaut wurde.

Schon aus wenigen Sätzen kann selbst ein Laie erahnen, wie komplex der reale Prozess einer Autofertigung ist.

Beispiel 2: Ein Kunde geht in einen Friseurladen und lässt sich die Haare schneiden. Der Prozess scheint einfach zu sein; dass er das nicht ist, kann jeder im Selbstversuch erkennen. Der Kunde ist in diesem Fall ein Teil des Prozesses, denn aus der ungeschnittenen Frisur auf seinem Kopf wird eine geschnittene.

Unterschätzen Sie keinen Prozess, auch wenn er noch so einfach zu sein scheint.

In der Chirurgie wird auch geschnitten und auch dort ist der Kunde (Patient) Teil eines Prozesses. Der Grad des Einflusses auf den Körper des Kunden ist in beiden Prozessen allerdings ein völlig anderer, denn in der Chirurgie hängen Gesundheit und Leben des Kunden von der Qualität des Prozesses ab, also von der fachlichen Fähigkeit des Chirurgen. Wenn sich der Friseur vertut und verschneidet, wird die Wirkung in den meisten Fällen eine andere sein, als wenn dies einem Chirurgen passiert. Originelle Leser werden hier das Rasiermesser in Erinnerung bringen.

Prozesse in Kliniken müssen klar und konsequent sein, damit kein Patient zu Schaden kommt.

Vieles spricht sich einfach, wenn man es nicht realisieren muss.

Beispiel 3: Ein Kreuzfahrtschiff ist gestrandet und mehrere Tausend Passagiere müssen gerettet werden. Wie muss die Rettungsmission ablaufen, damit kein Passagier getötet wird und vielleicht sogar noch das Schiff gerettet werden kann. Wird die Meldung zu spät abgesetzt, wie das bei der Costa Concordia der Fall war, dann kann sich die Situation so verschärfen, dass Passagiere ertrinken oder verbrennen.

Ein solcher Prozess muss also völlig anders ablaufen, als einer zur Planung und zum Bau eines Flughafens, wie beispielsweise in Berlin. Hier spielt die Zeit ganz offensichtlich eine andere Rolle.

Beispiel 4: Mehrere Firmen sollen zu einem Unternehmen verschmolzen werden. In einem solchen Prozess werden Produkte, Dienstleistungen, Standorte, Rohstoffe, Ressourcen und das Personal spezifische Rollen spielen. Dennoch können sie nicht voneinander entkoppelt, also getrennt betrachtet werden, wie das vielfach in einfachen Darstellungen suggeriert wird. Unter anderem auch in dem berühmten Blockbild der EFQM.

Der Ablauf eines solchen Prozesses wird ein völlig anderer sein, als jener der Führung eines Krankenhauses, eines Friseurladens, der Bergung des Schiffes oder der Fertigung von Autos.

An diesen skizzierten Beispielen ist leicht zu erkennen, dass auch Prozessfehler völlig unterschiedliche Wirkung haben können.

6   Welche Verfahren?

Es mutet sonderbar an, wie aus der Resignation vor der Komplexität der Anforderungen des Prozessmanagements Modelle und Lösungsansätze entstanden sind, über deren Simplizität man nur schmunzeln kann. Das Grundschulniveau mystisch verbrämter Lösungsmethoden, mit denen man vorgibt, massiven Schwierigkeiten des Managements komplexer Unternehmensprozesse zuleibe rücken zu können, steht in keinem Verhältnis zum Preis, den man für das Bereitstellen solcher Scheinlösungen ansetzt. Das lässt den Schluss zu, dass die wesentliche Absicht der sogenannten *Berater* die Maximierung ihres Gewinns ist. Auf mich machten sie stets den Eindruck von Hobbychirurgen, die nicht wussten, wie man ein Skalpell hält.

So werden skizzierende Verfahren angepriesen, die zwar einleuchtend scheinen, auch von Laien verstanden werden und deswegen gerade bei diesen hoch im Kurs stehen, jedoch in der Praxis unbrauchbar sind. Dennoch werden solcherart Darstellungen und Ergebnisse von Kunden und Gutachtern akzeptiert, und so muss der Schluss gezogen werden, dass man den Zusammenhang zwischen der Qualität des Prozessmanagements und der Qualität der Produkte und Dienstleistungen noch nicht erfasst hat, aber so tut als wäre das so. Eine Todsünde im Prozessmanagement. Wir kommen darauf zurück.

Um belastbare und repräsentative Daten zu liefern, bedarf es professioneller Verfahren. Doch auch solche und die zugehörigen Werkzeuge des Prozessmanagements können ihre Wirksamkeit nur bei langjähriger Erfahrung und professionellem Umgang mit ihnen entfalten. In den meisten Angeboten wird dieser Umstand nicht erwähnt. Ein ungeübter Anwender wird also niemals auch nur annähernd das erreichen, was ihm vorgegaukelt wird. Doch das ist ein ganz anderes Problem.

Gleichgültig welche dieser Verfahren eingesetzt werden, es ist immer vorteilhaft zu wissen, welche Fehler im Prozessmanagement am häufigsten auftreten, wo und wie sie wirken, und vor allem wie man sie vermeiden kann. Ich habe das *Todsünden* genannt. Man kann sie auch anders nennen, es soll nur darauf hingewiesen werden, dass es ernste Geschichten sind. Natürlich gibt es eine Unzahl anderer Fehler, die man vermeiden sollte, aber auf einige wenige sollte man sich konzentrieren.

Wegen der indirekten Wirkung des Prozessmanagements, das eingebettet ist in den Organisations-, Planungs- und Produktionsvorgang, sind faktische Zusammenhänge zwischen Fehlern im organisatorischen Ablauf und Produktfehlern, Produktpreisen, Kundenunzufriedenheit und Genehmigungsproblemen kausal kaum zwingend zu beweisen, obwohl es solche Zusammenhänge durchaus geben kann. Wegen der stark verzögerten Wirkung von Maßnahmen, die im Rahmen des Prozessmanagements getroffen werden, kann nicht wirklich gesagt werden, wo es wirkt. Daher können diese Maßnahmen technischen Prozessfehlern, Produktmängeln und Produktkosten nicht zugeordnet werden. Anderweitige Behauptungen sind absurd.

Mir drängt sich fast zwanghaft der Vergleich mit der Homöopathie auf. Ich habe mir kurz nach der Diagnose meiner Erkrankung auf verschiedene Empfehlungen hin die sonderbarsten Wirkstoffe injizieren lassen. Wenn man sehr krank ist, klammert man sich an alles, auch an Mistelsaft und teure Nahrungsergänzungsmittel aus der Schweiz, deren Grundstoffe aus angeblich kontrollierten Anbaugebieten kommen. Ein Nachweis speziell dazu interessiert mich nicht, denn wenn es wirklich ernst ist helfen keine Zaubersprüche, dann muss ein Fachmann her.

Professor Hohenberger, ehemaliger Leiter der Chirurgie des Universitätsklinikums Erlangen, der mich operiert hat, hat damals und auch später unmissverständlich bedeutet, dass es die Fähigkeiten der Ärzte sind, die im Ernstfall retten können [5]. Keine komischen Formeln und keine Wässerchen. Diese helfen nur dann, wenn man gesund ist. Es mutet fast tragisch an, dass in einem Land mit der denkbar besten medizinischen Versorgung eine Verunglimpfung dieser Disziplin stattfindet, verbunden mit einer Hinwendung zu Scharlatanen und Geldschneidern.

Zurück zum Prozessmanagement: Von der EFQM werden Zaubersprüche in Sachen Prozessmanagement vorgebetet, dazu gehören unter anderem die Selbstbewertungsformeln. Sie werden nicht schaden und werden nicht helfen.

Fehler im Prozessmanagement, wo auch immer sie in den Schritten *Identifizierung, Analyse, Verkopplung, Verbesserung, Messung* und *Standardisierung* auftreten, werden sich also nicht notwendig und schon gar nicht prompt in Mängeln irgendwelcher Ergebnisse zeigen. Im Regelfall führen sie zu Strukturproblemen in den Prozessen, zu Zeitüberschreitungen, Mehrkosten und letztlich zur Unzufriedenheit von Kunden, womit sie die Wettbewerbsfähigkeit des Unternehmens schwächen.

Im Krankenhaus können massive Probleme mit Todesfolge entstehen. Nachher heißt es, es wäre sowieso nichts zu machen gewesen. Wie beim Berliner Flughafen, wo ein Haufen Unbedarfter jahrelang herumzerrt, bis man die Orientierung völlig verloren hat. Niemand weiß mehr, wo was verändert, ergänzt, repariert wurde. Der Steuerzahler blecht, weil ihm gar nichts anderes übrig bleibt. Außerdem versteht er von der Sache noch weniger als die Berater, was aber wiederum deren Chance ist. Großspurig erklären sie, welche Dokumente jetzt heilen können. Der werbewirksame Begriff *Gutes Prozessmanagement*, mit dem sie punkten, ist nicht einmal überzeugend definiert, also kann auch nicht behauptet werden, dass *Gutes Prozessmanagement alle Prozessfehler verhindern wird*. Das wird zwar gesagt, beteuert, versprochen, aber es ist eine Illusion. Dennoch hat sich die Beraterclique einen beträchtlichen Freiraum für die Preisgestaltung ihrer unentbehrlichen Dienstleistungen geschaffen. Anstelle sachlich zwingender Beweise für die Notwendigkeit von Prozessmanagement wird einfach behauptet, es wäre das Non-Plus-Ultra des Projektmanagements und daher unabdingbar. Jene Kunden, die eine Beratung in Anspruch nehmen, haben ob der horrenden Preise zu glauben, was ihnen über das angebliche Potential und die Heilwirkung des Verfahrens erzählt wird.

Während mehr als zwei Jahrzehnten haben sich beim Umgang mit diesem Thema Erfolg und Enttäuschung abgewechselt. Weniger solche mit den Konzepten oder der Software, sondern mit Menschen, die sich vom Softwaresystem die Glückseligkeit erwarten, ohne eigene Arbeit und Mühe hineinstecken zu müssen. Oft hatten wir nach Seminaren noch persönlichen Kontakt mit Hörern, was zwar erfreulich war, der Arbeit aber nicht wirklich genutzt hat, denn manche Trainees hatten gehofft, sich durch Prozessmanagement die gesamte Arbeit zu ersparen. Das ist ein Irrtum.

7 Prozessfehler und lukrative Jobs

Prozessfehler sind erheblich negative Eigenschaften von Prozessen. Sie können überall auftreten und verursachen dann entsprechende Kosten. Erfahrene Programmierer können ein Lied davon singen. Sie wissen, dass der Aufwand für das Auffinden und die Beseitigung von Programmfehlern ein Vielfaches vom Aufwand für die Erstellung eines neuen Programms ist, das überdies auch nicht fehlerfrei sein wird. Junge Programmierer sind bei den ersten großen Schwierigkeiten, die ihnen ihr neues und hoffnungsvolles Programm präsentiert, maßlos enttäuscht und versucht, eher wieder von vorne zu beginnen, als die Fehler der *vorhergehenden Version* zu beseitigen, einfach weil sie von der neueren Version geringere Schwierigkeiten erwarten.

Das Auffinden von Fehlern im Prozessmanagement, dessen Komplexität in großen und auch schon mittelständischen Unternehmen durch die multilateralen Interaktionen von Mensch, Technik, Material, Daten, Kosten, Zeit etc. entsteht, ist von anderer Herausforderung, als jene in einem klar definierten technischen Prozess. Man denke nur an die Interaktionen in der Gesellschaft und an ihren *Unzulänglichkeiten*, auch an jene in einem Betrieb, einem Konzern und erst recht in einem Staat.

Prozessfehler können unterschiedlicher Natur sein. Es können Ergebnisse fehlen, falsch bezeichnet sein, versehentlich doppelt gefertigt werden, es kann Prozessschleifen geben, also ungewollte Mehrfachdurchläufe des Prozesses, es können Randbedingungen vergessen worden sein, Bearbeiter, Ressourcen, Treiber, Verantwortliche, Dokumente falsch zugeordnet usw.

Zumal Erscheinungsbild und Wirkung von Ergebnissen und Tätigkeiten im Prozessmanagement einer Firmenstruktur von anderer Art sind, als in technischen Prozessen, sind für die Behandlung dieses Problemkreises entsprechende Verfahren erforderlich, andernfalls dort Prozessfehler nicht gefunden und damit auch nicht behoben werden können.

Führungskräfte setzen im eigenen Unternehmen gerne auf die Meinungen neutraler Beobachter, zumindest stellen sie das so dar, also kaufen sie gegen teures Geld externe Berater ein. Diese gehen dann ohne Wissen über die Details dessen was sie analysieren an die Prozesse des Unternehmens heran. Wie für einen Hundewelpen ist für solche externen Kräfte zunächst alles in der Firma völlig neu, was sie natürlich niemals zugeben werden, doch bellen und pinkeln sie sicherheitshalber alles an, was sich ihnen in den Weg stellt. Wie die Welpen gehen sie unbehelligt von Wissen und Sachkompetenz des Unternehmens an die Arbeit, knabbern an den Tischbeinen in den Sekretariaten herum, um an möglichst viele Interna heranzukommen, mit denen sie dann glänzen können.

Nach zweifelhafter Einschätzung einer inkompetenten Führung können unbeleckte Unwissende immer *besser urteilen, wo was im Prozessmanagement zu tun ist.* Wohl keimt dieser verquere Gedanke aus der Hoffnung, dass sich gut bezahlte Recken nicht an der Struktur der Unternehmensführung zu schaffen machen werden, womit der Vermarktung von Unwissen Tür und Tor geöffnet werden.

Die Berater verstehen zwar nichts von der Technik der Produkte, ihren Einsatzmöglichkeiten, Beschränkungen und Risiken, doch haben sie andere Fähigkeiten. Es ist ihr Instinkt, Inkonformitäten beliebiger Art in jenen Dokumenten zu finden, deren Ausfertigung, Führung, Lenkung und Überwachung von öffentlichen Institutionen zwingend vorgeschrieben worden sind. Von Institutionen, in denen sie oft selbst mitarbeiten. Daher auch ihr Instinkt.

Die Mitarbeiter dieser Institutionen sind mit denselben Begabungen ausgestattet und können deshalb auch so gut von diesem genial konstruierten Geschäft leben. Man denke nur an den ISO 9001-Überfall auf die deutsche Industrie in den Neunziger Jahren des vergangenen Jahrhunderts. Ich erinnere mich an den nervlichen Kollaps der Fachabteilungen und an die Veredelung einer in die Jahre gekommenen Qualitätssicherung zum vornehm-teuren *Qualitätsmanagement*. Niemand in den Fachabteilungen wäre damals auf die glorreiche Idee gekommen, die Verursacher dieser Idee habhaft zu machen und sie nach ihrer Berechtigung zu fragen.

Ergänzt wurde der Unfug durch abstruse Appelle einer verwirrten und rechtlich orientierungslosen Führungsmannschaft an ihre Mitarbeiter, *Visionen* auszuschwitzen, um vorkonditioniert durch den Forderungskatalog von ISO und Konsorten das Geschäft der Firma anzukurbeln. Andererseits hatte gerade in dieser Zeit so manche Geschäftsleitung alle Hinweise auf ein visionäres Talent vermissen lassen und beispielsweise die junge Internet-Technologie als *unbrauchbaren Zeitvertreib* abgetan. Geschäftstüchtige Berater hatten mit ihrem geschulten Selbstbewusstsein blutige Führungslaien in politisch unbedarften Unternehmen freundschaftlich untergehakt und ganze Firmenlegionen mit krassen Fehleinschätzungen der Entwicklungspotentiale neuer Technologien und ebensolchen miserablen Einschätzungen des angeblichen Gefährdungspotentials bewährter Produkte beglückt. Manche dieser Beraterbüros waren nach kurzer Zeit der heftigen Blüte pleite. Zurück blieben die Opfer.

VW ist so ein Fall. Zweifelsohne wurde dort unbedacht und leichtsinnig formaler Mist produziert. Doch darf die Frage gestellt werden, welcher der Berater dazu geraten hatte, oder hatte VW keine Berater?! Anstatt nun mit naturwissenschaftlichen Fakten aufzutreten und nachzuweisen, dass der CO_2-Dreck aus dem Auspuff der Diesel-PKW die Welt nicht in den Abgrund *stürzen konnte, zog die Leitung sicherheitshalber die Schwänze ein, um nicht irgendwo anzuecken. De facto war ja niemand geschädigt worden, mit der Auslösung von Angst aber kann man immer die gewünschte Lähmung erreichen und damit auch die Geschicke angesehener Unternehmen politisch ins gewünschte Nirwana lenken. Irgendwo sitzen die Gewinner herum.*

Derzeit darf sich jeder – insbesondere in der Politik – als Experte bezeichnen und die Wirkung objektiv definierter Werte, wie der läppischen CO_2-Menge am Auspuffrohr eines Diesel PKW klimahysterisch willkürlich interpretieren und damit einen ganzen technischen Bereich ohne Not wirtschaftlich gefährden. Die Politik sieht dabei gerne zu, sie macht sich die Hände nicht schmutzig und hat obendrein ihren taktischen Vorteil.

Wie groß der Interpretationsspielraum ist, der sich für die Wirkung jener Aktionen ergibt, die zwischen nicht-technischen Subjekten ablaufen kann daraus ermessen werden. Es ist schwierig, aber nicht unmöglich, diese Interaktionen zu objektivieren. Erst danach sind die Analyse, Verbesserung, Umsetzung ggf. auch die Verhinderung subjektiv geprägter Prozesse möglich.

Ein aktuelles Beispiel ist die Analyse der Absichten und Wirkungen terroristisch gelenkter Gruppierungen. Es wird noch einige Zeit vergehen müssen, bis in diesem Problemkreis die Notwendigkeit der Unterstützung von Analyse und Prävention durch zweckdienliche Verfahren und Modelle erfasst und akzeptiert wird. Die Ergebnisse müssen von Fachleuten interpretiert und umgesetzt werden.

Obwohl sich in der Struktur des Prozessmanagements ähnliche Fragestellungen ergeben, wie in Produktionsprozessen, werden Begriffe wie *Ergebnis* und *Tätigkeit* in abstrakterer Form auftreten und entsprechend schwieriger zu fassen sein. Wie in Krankenhäusern ist in diesem Umfeld ein hohes Maß an Intuition erforderlich.

In Produktionsverfahren sind alle Fragen und die Antworten dazu augenscheinlich: Was geht in den Prozess hinein, was kommt heraus, was findet darin statt, wie lange dauert und was kostet er? Welche Fehler können passieren und welche Konsequenzen können sie haben, wie kann man sie entdecken, beseitigen, vermeiden? Welche Qualifikation der Mitarbeiter und der Führung ist für die Gestaltung, Analyse, den Einsatz und die Verbesserung der Prozesse erforderlich? Welche Prozessteile sind in welcher Weise mit anderen Prozessen verknüpft? Wer arbeitet wie häufig mit wem? Wer ist von meinen Prozessfehlern betroffen? Wie stelle ich fest ob alle Verknüpfungen fehlerfrei sind und wo sie verbessert werden können? Welche Risiken oder Gefahren sind mit dem Einsatz irgendeines dieser Prozesse und seiner Ergebnisse verbunden?

Die Einsatzgebiete des Managements als Leitung und Organisation, zu der auch die Kontrolle der Abläufe gehört, sind vielfältig und erstrecken sich über folgende Elemente:

- Technik: Bauvorhaben, Maschinen, Fahrzeuge, Medizin
- Organisation: Führung in Unternehmen und Verwaltung, Bewirtschaftung von Gebäuden, Anlagen und Einrichtungen
- Erziehung: Wissen, Lernen, Bildung, Kultur
- Transport: öffentlicher Verkehr, Fahrzeuge, Flugzeuge, militärische Einrichtungen
- Überwachung: Luftraum, Straßen, Energiewege
- Management: Projektmanagement, Ressourcenmanagement, Unternehmensführung, Unternehmensüberwachung, Qualitätsmanagement, Prozessmanagement, funktionsübergreifende Verantwortung, Wissenschaft- und Lehre des Managements, Managementverantwortung, Steuerung der Geschäftsprozesse, Abgleichen und Erreichen der Management-Ziele, Management-Soziologie als Kontext von Organisation und Gesellschaft
- Naturschutz: Schutzgebietsicherung, Wald, Landespflege, Tierpflege, Jagd
- Sport: Trainer, Sportler, Sportgeräte, Sportstätten, Dienstleistungen, Medizin

Auffallend dabei ist, dass das Management, also die Unternehmensführung, Manager seiner eigenen Managementkompetenz ist, was ob der nichtlinearen Rückkopplung verheerend sein kann.

Vielleicht meinen Sie, dass der Vergleich hinke, doch habe ich mich im Krankenhaus mit verwunderlicher Intensität beobachtet. Wohl ist diese Fähigkeit eine wichtige Voraussetzung für den gesundheitlichen Erfolg des Patienten im Krankenhaus und des Managements im Unternehmen. Beide können und sollten sich gleichermaßen als aktive und passive Bestandteile des Systems wahrnehmen und verhalten, in dem sie sich befinden.

Der Gesamtkomplex der Managementprozesse kann und sollte sich selbst kontrollieren. Es sollte sich auch selbst positiv beeinflussen. Innerhalb des Systems gibt es allerdings zahlreiche Verknüpfungen. Aufgrund dieser Komplexität ist die klare Trennung von Zuständigkeiten bzw. Einflussbereichen, wie das in stark vereinfachten und deshalb beliebten Darstellungen als Ansatz für die Problemlösung im *Prozessmanagement* propagiert wird, unmöglich.

Nur mit genauer und entsprechend aufwendiger Analyse lassen sich Ursache-Wirkungs-Zusammenhänge herausarbeiten. Die Führung des

Unternehmens weiß natürlich von diesem Dilemma und holt sich daher Hilfe von außen, womit sie das Problem auf die Beratungsinstitutionen verlagert, die von der Sache nichts verstehen. Diese wiederum spüren auch, dass sie fachlich überfordert sind, doch verlören sie mit einem Eingeständnis ihren Auftrag, und das wollen sie natürlich nicht.

So definierten die sachlich und fachlich inkompetenten Berater kurzerhand abseits der fachlichen Sachlage einen zusätzlichen Kontrollbereich, in dem sie weiter wirken konnten: jenen der *Formale Kontrolle*. Dort waren sie dann die Herrscher.

Das konkrete Werkzeug dazu war beispielsweise die ISO 9001:2000. Im Kielwasser alter Normen entstand die immer ausführlichere Forderung, Fehler allgemeiner Art festzustellen, mit der Inkonformitätsprüfung aller Dokumente, und das ist immer noch die Hauptaufgabe der Prüfer. Die krasse Änderung der Normenstruktur zwischen der ISO/FDIS 9001:2015 und der ISO 9001:2008 allein ist schon verwunderlich, zumal sich an den allgemeinen Eigenschaften der Begriffe *Qualität* und *Prozess* nichts geändert hat. Dieser Unterschied ist ein Maß für die geringe Belastbarkeit des gesamten Vorgehens.

So stellen trotz alledem die Prüfer u. a. immer noch Fragen folgender Art:

> *Wo stimmt das Datum in einem Dokument mit dem Datum in einem anderen zugehörigen Dokument nicht überein? Wer hat wo unzulässig unterschrieben? War hat unterschrieben, ohne dass er das aus formalen Gründen durfte?*

8 Die Vorhölle des Qualitätsmanagements

Von dieser und ähnlicher Art waren und sind immer noch die Kernfragen der *Auditoren*, wie sie sich vornehm nennen. Schon eines dieser *Findings*, schon ein aufgefundener Fehler kann in ungünstigem Fall zur Aberkennung eines bereits bestehenden Zertifikats führen.

Der Teufel wartet in Gestalt von Auditoren auf alle Prozess- und Qualitätssünder, um sie für jede Art formaler Vergehen drakonisch zu bestrafen. Ein Vorteil für alle Berater.

> *Ein Beispiel von einer meiner Radreisen nach der Magenoperation: Ein Schaffner am Bahnhof Genova Centrale wollte mich 2006 auf meiner Reise inklusive Fahrrad und Gepäck aus dem Zug werfen, weil ich vergessen hatte, meine Fahrkarte auf dem Bahnsteig zu entwerten. Das war mein Fehler, denn es ist in italienischen Bahnen Vorschrift, und er war formal im Recht. Durch seine huldvolle Gnade durfte ich im Zug bleiben, damit war*

er formal im Unrecht, worauf ich ihn natürlich nicht hinwies, um meine Fahrt nicht zu unterbrechen. [5]

Mit der geringsten Inkonformität im Vorschriftendickicht der Arbeitsanweisungen, Fachanweisungen und Normen kann also Deine Projekt-Reise zu Ende sein. Du darfst keine Todsünde begehen.

Das bedeutet für Dich: Du musst alle Qualitätsfehler vermeiden, dazu gehören insbesondere formale. Du darfst keine Prozesssünden begehen, denn damit entstehen diese Fehler. Du kannst Dich nicht damit ausreden, dass Prüfungen auf formale Inkonformitäten in technischen oder betrieblichen Abläufen - also Audits – die Abläufe unzulässig störten. Dass sie nichts zur Qualität beitrügen, weil sie selbst unkonform wären zu der betrieblich notwendigen sachkundigen und pragmatischen Qualitätsprüfung und zu jenen Schritten, die zum zielsicheren Erreichen und Halten des Qualitätsstandards eines komplexen Produktes erforderlich wären. Dass also nur große Erfahrung und erhebliche Sachkenntnis zu fehlerfreien Produkten führten.

Das stimmt zwar, es darf aber die formal praktizierende Qualitätspolitik gar nicht interessieren, denn sie hat mit der Definition ihrer Gesetze, Rechte, Normen und der zugehörigen Aufgaben, nämlich die Einhaltung ihrer Gesetze, Rechte und Normen zu überprüfen, gleichgültig auf welcher Basis, zu viele Arbeitsplätze geschaffen, die bei einer Infragestellung alle gefährdet wären. Fragen, ob diese merkwürdige Qualitätspolitik mit ihren formalen Methoden grundsätzlich feststellen kann, ob die betroffenen Sachbearbeiter und Führungskräfte jene fachlichen Qualifikationen haben, die erforderlich sind, die von den Kunden definierte Qualität zu erzeugen, sind daher nicht mehr zulässig.

Auditoren haben die relevante Prozessqualifikation, nämlich formale Fehler zu finden, in einem Sündenregister zu sammeln und ggf. den Stopp des gesamten Produktions- oder Vertriebsprozesses auszusprechen. Der Auditorenclan, der alles kontrollieren darf, hat inzwischen die Allgewalt und Unfehlbarkeit eines Papstes.

Wenn Sie nun meinen, Kernfragen zu technischen Qualität könnten nur interne Mitarbeiter beantworten, nur Fachleute aus der Branche, nur sie könnten prüfen, ob Fragen zum Thema sinnvoll und die Antworten richtig sind, ja überhaupt richtig sein können, dann sind Sie in diesem Umfeld auf dem Holzweg. Auch hier gilt der Grundsatz: Du hältst die Schnauze, wenn Du in meiner Partei bleiben willst, oder Du bist ein Populist und damit automatisch aus dem Rennen.

Fragen nach der fachlichen Qualität externer Auditoren sind insbesondere dann unzulässig, wenn sie von einer waidwunden Führung beordert wurden. Eine solche würde nämlich damit gefährdet.

Die sogenannten *Entscheider* in einem Unternehmen sind nicht selten seitwärts eingestiegene und daher ahnungslose Führungskräfte. Diese können die Vorschriften zur sog. *Konformitätsprüfung* schon grundsätzlich nicht ablehnen. Täten sie das, so wären sie alsbald mit einer Unzahl von Fragen zum pragmatischen Qualitäts- und Prozessmanagement konfrontiert, die sie nicht ohne Einschaltung der Unternehmensbasis beantworten könnten. Damit aber würde ihre Inkompetenz offengelegt, was nicht sein darf.

Deshalb dürfen sogenannte *Gutachter*, die von der Sache keine Ahnung haben, Prüfungen (*Audits*) veranstalten, was von der internen Führung aus Unwissen und Unsicherheit akzeptiert, anerkannt und sogar gefördert werden muss. Hiermit werden Vorgänge getrieben, die die internen Prozesse behindern, Unsicherheit verbreiten und damit den elementaren Qualitätsforderungen an die Unternehmensprozesse widersprechen.

Damit wird bereits eine der Todsünden im Unternehmensbetrieb begangen. Wir kommen also jetzt zu unserem Thema.

9 Die Todsünden TS des Prozessmanagements

Unbrauchbare Ergebnisse sind die blanke Katastrophe für ein Projekt, denn Projekte sind zu nichts anderem da, als brauchbare Ergebnisse zu erzeugen. Es wäre noch besser nichts zu tun, als das Falsche, zumal damit wenigstens am Arbeitsaufwand gespart würde.

Prozessfehler sind der sicherste Weg zu *unbrauchbaren Ergebnissen*.

Was aber bedeutet *unbrauchbar*? Unbrauchbar bedeutet, dass das produzierte Ding nicht das tut, was man von ihm erwartet hat, dass es also ungeeignet ist, weil seine Eigenschaften nicht mit den Anforderungen des Käufers und Anwenders, also des Kunden übereinstimmen. Es gibt verschiedene Gründe, warum so etwas passieren kann: warum eine Brücke plötzlich einknickt, der Bau eines Flughafens niemals enden will, eine hoch gelobte und nachhaltige Energiequelle nicht das liefert, was man sich von ihr erhofft hat, nämlich Energie einer definierten Form, warum sich ein Verbund von Mitgliedstaaten aufzulösen beginnt oder ein Patient stirbt.

Für all das gibt es Gründe, und auf diese Gründe werden wir eingehen.

Überaus gefährlich ist es übrigens, wenn gleich zu Anfang eines Projektes mit Hilfe suspekter Ansätze scheinbar gute Lösungen entstehen, die sich aber in der Praxis als nicht tragfähig herausstellen. Das kann bei einem Flughafen sein, bei einer Brücke, bei einer Energiequelle und einem Staatenbund. Sie alle können ehemals scheinbar unsterbliche Patienten gewesen sein.

So wurden gleich nach ihrem Erscheinen die fragwürdigen Ansätze der EFQM ebenso begeistert wie voreilig beklatscht, denn einige Untenehmen hatten schon einmal ihren Preis kassiert – sie wussten nicht einmal genau warum – und waren damit gleichfort in der ersten Reihe der Anbieter ihrer Produkte und Dienstleistungen. Manche folgten hoffnungsfroh in gleicher Spur und scheiterten. Sie stellten sich dann natürlich die Frage nach der Ursache ihres Scheiterns und gaben sich, dem EFQM Prozedere der Selbstbewertung gehorchend, gleich selbst die Antwort. Mit derselben nichtigen Aussagekraft.

Der Preis der EFQM war als Antwort Europas auf den US-amerikanischen Malcolm Baldrige National Quality Award und den japanischen Deming-Preis entwickelt worden. Die hohe statistische Streuung der Ergebnisse aus Methoden einer Selbstbewertung ist groß, quantitativ nicht belastbar und kann daher grundsätzlich keiner strengen Prüfung standhalten. Quantitative Bezüge zwischen den Ergebnissen solcher Bewertungen und jenen objektiv gemessener Kundenzufriedenheit konnten nicht eigentlich hergestellt werden. Das war den Amerikanern egal und den Japanern sowieso.

Ein Prozess kann also Ergebnisse produzieren, die nicht funktionieren, es können am Schluss Ergebnisse fehlen, das ganze Prozedere kann wegen der Fehler zu lange dauern, zu früh oder zu spät beginnen, kann im Kreis laufen, zu viel kosten, es können Mitarbeiter über- oder unterfordert werden, Maschinen ungenau arbeiten oder kaputt gehen, Rohstoffe nicht lieferbar sein, oder nur solche, die man nicht brauchen kann, und es kann am Geld fehlen um den Prozess zielgerecht zu beenden. Es würde zu lange dauern, alle möglichen Missgeschicke des Prozessmanagements aufzuzählen, erst recht nicht ihre Wirkungen zu beschreiben und die Ursachen dazu. Von der EFQM können jedenfalls keine konstruktiven Anregungen zur Vermeidung oder Beseitigung der Schwierigkeiten erwartet werden, denn der Verein kann nur Zertifikate ausstellen.

Dabei können einige Fehler so massiv sein, dass sie ein Unternehmen in den Ruin treiben, oder irgendwo Verheerendes zur Folge haben. Deshalb bezeichnen wir sie als *Todsünden('TS')* und gehen genauer auf sie ein. Doch treten sie nicht immer offen zutage, selten sofort und nur gelegentlich in sichtbar direkter Folge von durchgeführten oder unterlassenen Aktionen. Vielleicht würden Sie ihre Wirkung bei der ersten Begegnung mit ihnen gar nicht bemerken. Sicherlich aber, wenn Sie Prozessmanagement zehn oder zwanzig Jahre hindurch praktiziert hätten.

Beispiele:
An einem platten Reifen merkt jeder, dass da etwas nicht stimmt. Dazu braucht man kein Prozessmanagement.

Wenn aber eine Schwester in einem Krankenhaus eine falsche Infusion angehängt hat, erfährt der Patient vielleicht niemals von diesem Fehler. War es eine physiologische Kochsalzlösung, dann ist deren Wirkung vernachlässigbar, war es aber versehentlich ein Chemotherapeutikum, dann stirbt er vielleicht an einer Herzinsuffizienz. In beiden Fällen wird er niemals erfahren, dass er etwas Falsches erhalten hat. Die erste Variante wird sicherlich nicht in die Annalen der Klinik eingehen, sie wird aus keinem Dokument ersichtlich sein. Jeder Prozess kann fehlerhaft sein. Auch ein Zertifizierter.

Obwohl dies ein klassischer Qualitätsfall wäre, würde keinem der Auditoren, hätten sie dieser Klinik noch vor kurzem ein Qualitäts-Zertifikat erteilt, irgendeine Schuld zugeordnet werden können. Der Grund dafür läge tief in den Prozessen der Klinik vergraben. Dennoch würden einige Gutmenschen aus der Qualitätsriege genau wissen, *wie man so etwas sicher hätte verhindern können.*

Fakt wäre: Man hätte es nicht verhindern können, denn das Restrisiko ist bei keinem wie immer gearteten Prozess und bei keinem Prozessschritt gleich Null.

Der Unfall an der Bohrstation Piper Alpha am 6. Juli 1988 hätte verhindert werden können. Nach statistischen Betrachtungen hätte er nicht einmal passieren dürfen. Auch nicht jener in Fukushima, und dennoch sind beide geschehen. Auch der Absturz des Germanwings-Fluges am 24. März 2015 auf dem Weg von Barcelona nach Düsseldorf.

Was kann man also tun, um verheerende Prozessfehler zu verhindern.

9.1 TS 1 Ungeeignete Projektorganisation

Was kann an einer Projektorganisation schon falsch sein, werden Sie fragen, man nimmt einfach die Aufbauorganisation her, die ist immer richtig, denn sie stammt vom Unternehmensvorstand. Aber so einfach ist das Ganze nicht.

9.1.1 Das Problem

Die Struktur der Mitarbeiterorganisation gibt die Rollenverteilung von Führung und Mitarbeitern in den Prozessen vor. Nur mit einer klaren und wirksamen Organisationsstruktur lassen sich die Rollen des Personals und aller anderen Treiber verstehen und führen. Damit hat die Organisationsstruktur, schlicht als *Organisation* bezeichnet, die bei weitem größte Wirkung im Prozessmanagement. In positivem und negativem Sinn: ein Unternehmen ist so schlagkräftig oder so lahm wie seine Organisation.

Die Arbeitsteilung in großen Unternehmen bedingt die Weitergabe von Ergebnissen, Information, Forderungen, Ressourcen von einer Organisationseinheit zu einer anderen. Diese *Schnittstellen* sind Fehlerquellen, also gilt die fundamentale Gleichung: je weniger Schnittstellen im Prozess existieren, umso weniger Fehlerquellen gibt es.

Eine *Organisation* muss die rasche, fehlerlose und vollständige Weitergabe von Mitarbeiterwissen, von Dokumenten, Werkzeugen, Geld, Energie, Rohstoffen und anderen Ressourcen über die Schnittstellen des Unternehmens hinweg sicherstellen. Inadäquate Organisationsstrukturen erzeugen träge, unzuverlässige, fehlerträchtige und kostspielige Prozesse, unzufriedene Mitarbeiter, unzufriedene Führungskräfte und letztlich unzufriedene Kunden.

Die wichtigste Aufgabe einer Organisation ist daher die Minimierung der Anzahl und die Optimierung der Wirkung aller verbleibenden Schnittstellen im Projekt. Eine klassische Aufbauorganisation kann diesen Forderungen nur ungenügend gerecht werden, denn sie besteht aus einer Vielzahl gewachsener Berührungsflächen und Irrwegen. Sie haben sich aus der Historie ergeben und waren in vielen Fällen freundschaftlichen Dankesbezeugungen innerhalb der Hierarchie geschuldet. Halten sich die Mitarbeiter eines Projekts jedoch an jene Vorschriften, die die Unternehmensführung durch diese Organisationsstruktur vorgibt, dann tritt nicht selten die bekannte Lähmung ein, über die sich zwar alle beklagen, gegen die aber niemand etwas unternehmen will und kann.

Fehler in der Organisationsstruktur und mit ihnen die Hemmungen, die sie im Prozessgefüge des Unternehmens ausüben, sind schwierig zu detektieren und noch schwieriger zu beseitigen:

o Schwierig zu detektieren sind sie, weil die Verknüpfungen zwischen den Prozesselementen und den Organisationselementen überaus vielfältig und komplex sind und weil ihre Wirkung nicht wirklich bekannt ist, obwohl stets so getan wird, als sei dies der Fall.

o Schwierig zu beseitigen sind sie, da in der Prozessorganisation *Patienten* und *Ärzte* identische Personen sind. Mit jedem Optimierungsschritt würden sie also einen Teil ihrer Macht beschneiden, mit der sie ihre Position begründen und die sie deshalb unter allen Umständen zu halten versuchen. Nur selten also werden sie Organisationsfehler offen besprechen und noch weniger zur Schau stellen. Damit hat die Aufbauorganisation die Eigenschaften einer Diktatur, die sich selbst zementiert.

Die Organisation eines Unternehmens ist trotz ihres positiven Potentials und ihrer eminenten Bedeutung infolge der angedeuteten Wirkung der potentiell größte Ressourcenkiller im Unternehmen. Auch völlig Unfähige können, ohne dass die Belegschaft dagegen wirksamen Widerstand entwickeln kann, hierarchisch hoch aufsteigen. Jene aber, denen solche Vorgänge und Zusammenhänge auffallen, mischen sich nicht ein, um nicht ihre Karriere aufs Spiel zu setzen. Die Masse der Mitarbeiter will ihre Ruhe haben, hält den Mund und geht in Deckung. Damit entstehen die besten Voraussetzungen für Externe, die vom Geschehen in der Firma keine Ahnung haben, die bei einer Firmenberatung kein Risiko eingehen und für diese *Arbeit* zudem einen Haufen Kohle kassieren.

Die Prozessorganisation darf nicht aus der Aufbauorganisation entwickelt werden, da sonst Unzulänglichkeiten von deren Struktur bei der Übernahme in das Projekt in dieses verschleppt würden. Eine Aufbauorganisation wird nur selten einem Projekt gerecht werden und wenn, so wäre das reiner Zufall.

Die Struktur der Projektorganisation muss aus jener Prozessstruktur und den Zusammenhängen der Ressourcen abgeleitet werden, die das logische Gerüst des Projekts bilden, und dieser Schritt muss der erste sein. Doch ist bis jetzt niemand diesen Schritt gegangen. Wir werden ihn deshalb anhand eines Krankenhauses beispielhaft zeigen.

Aktuell definiert der Vorstand nach Besprechungen mit seinen direkten Mitarbeitern was für die Firma gut und was schlecht sein wird. Natürlich auch was opportun ist.

Dann definiert die Geschäftsleitung die Organisationsstruktur. Allerdings vollführt sie dies ohne Basis, weil sie die gar nicht kennt, sie nur vermuten kann, ja nicht einmal weiß, welche Eigenschaften eine optimale Struktur haben muss. Und das wiederum, weil sie nicht weiß, wie anders eine optimale Organisationsstruktur neben einer wie immer gearteten, willkürlichen wirkt. Wie ein normaler Schachspieler in einer komplexen Stellung kann sie also die Züge nur nach Gutdünken setzen und dann darauf auf die Konsequenzen warten. Wenn der Gegner gewinnt, dann ist die Ausrede, dass man *da und dort hätte wohl anders ziehen müssen*. Diese Feststellung ist trivial, denn hätte man optimal gezogen, so hätte man wohl gewonnen. Unternehmen reden sich auf den Markt aus und auf die Politik und diese wiederum auf die Unternehmen. So geht das Spiel reihum.

Wahr ist, dass auch der beste Schachspieler Zusammenhänge auf einem vollen Brett nicht konsequent überschauen kann. Auch Kasparow hat gegen einen Computer verloren, selbst er konnte die Dynamik der Zusammenhänge und ihre Entwicklung nicht vollständig überschauen. Die Führungsriege eines Großkonzerns aber maßt sich an – aus Gutdünken, *aus dem Bauch heraus*, wie sie das immer so lässig darstellen – die Mannschaft in ein ihr bis dahin unbekanntes Projekt optimal einbinden zu können, indem sie einfach jedem eine Rolle zuordnet. Der Trick liegt in der einfachen Behauptung, die Lösung wäre optimal, denn niemand kann das Gegenteil beweisen.

Beim Kurschach sollten Sie mitschreiben und die Schwätzer höflich bitten, sie mögen doch die kritische Stellung wieder aufbauen und ihre Siegvarianten daraus aufzeigen. Glauben Sie mir: sie werden es nicht können.

Die Aufbauorganisation wird mit großer Wahrscheinlichkeit nicht die beste Konfiguration der Prozessmannschaft für ein Projekt sein, zumal jedes seine spezifische Organisationsstruktur braucht, denn Rollen, Rollenstruktur und Rollenbeziehungen (*Interdependenzen*) sind überall anders. Über den gesamten Prozess hinweg sind sie außerdem viel zu komplex, um aus dem Stand beschrieben und definiert werden zu können. Das allein ist der Beweis, dass die meisten Projektorganisationen ungeeignet sein müssen.

9.1.2 Die Problemlösung

Alle komplexen Aufgabenstellungen bedingen eine Arbeitsteilung, in der Aufgaben und Aufgabenbereiche verschiedenen Personen und damit entsprechenden Organisationseinheiten zugeordnet werden.

Die Struktur der Abläufe im Unternehmen ist das logische, organisatorische und technische Rückgrat zur Erstellung von Produkten und zur Erbringung von Dienstleistungen. In jedem Ablauf entsteht ein schnittstelleninduzierter Interdependenzaufwand. Dieser hat wesentlichen Anteil an den Prozesskosten. Seine Minimierung mit Hilfe der Organisationsstruktur ist daher ein wichtiges Thema.

Nach detaillierten Analysen unterschiedlicher Prozesse haben wir festgestellt, dass eine mehrdimensionale Organisationsstruktur entscheidende Vorteile gegenüber der traditionellen eindimensionalen Struktur hat: in der Praxis verwenden wir eine zweidimensionale Struktur.

Durch eine *Interdependenzanalyse* (*IDA*) des Projektmanagement-Prozesses und der darin wirkenden Ressourcen schaffen wir die Grundlage für das optimale Zusammenspiel zwischen Projektprozess- und Projektorganisations-Struktur:

o Verantwortlichkeiten und Ressourcen sind bedarfsspezifisch im Prozessablauf definiert und positioniert.

o Wir berechnen die Häufigkeit jeder bilateralen Begegnung von Ressourcen und Verantwortlichkeiten im Prozess. Z. B. der bilateralen Begegnung einzelner OE.

o Der Aufwand jeder bilateralen Begegnung ergibt sich aus den Positionen der beiden OE im Organigramm. Er ist abhängig von ihrer Entfernung. Je größer die organisatorische Entfernung der OE, umso größer der Aufwand der Begegnung. In Besprechungen tritt der spezifische Aufwand solcher

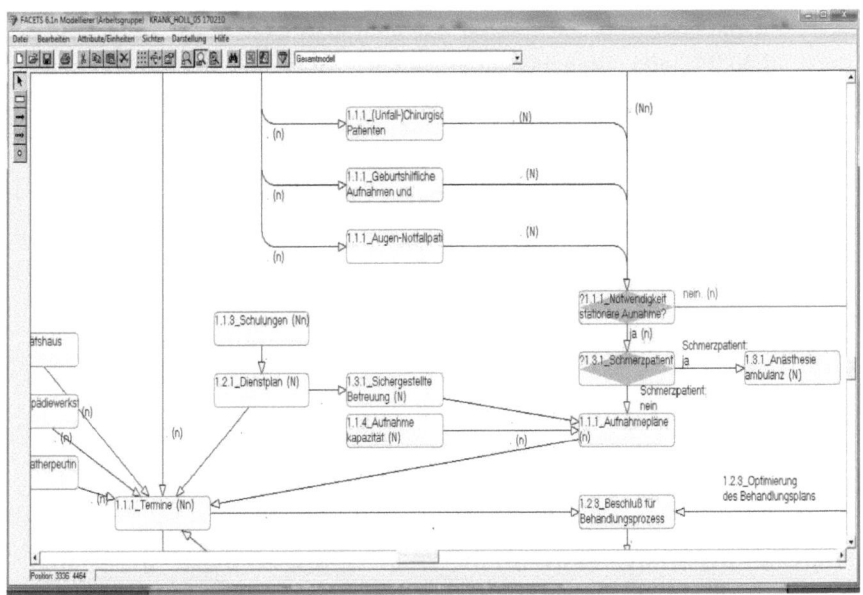

Abbildung 1: Krankenhaus. Prozessablauf (Ausschnitt)

o Begegnungen real zutage. Nicht selten sitzen Leute zusammen, die miteinander nichts zu tun haben.
o Der organisatorische Gesamtaufwand ist die Summe des Aufwands aller bilateralen Begegnungen.
o Das Organigramm muss also so gestaltet werden, dass diese Summe minimal wird. Dann sind der von der Projektorganisation gelenkte ID-Aufwand und damit dieser Anteil der Projektkosten minimal.
o Bei der IDA von Aktionen verdächtiger Vereinigungen tritt ein auffallend geringer ID-Aufwand zutage.

Folgende Schritte sind erforderlich, bevor das Projekt starten kann:

1 Mit dem Programm FACETS® [1] nehmen wir den gesamten Prozess auf. Abbildung 1 zeigt einen kleinen Ausschnitt.
2 Wir ordnen jedem Ergebnis die Ressourcen (Bearbeiter, Ort, Werkzeug etc.) als Attribute zu.
3 Für jedes <Input - Output> Ergebnispaar im gesamten Prozess erfassen wir die Anzahl aller Arten von Ressourcenzugriffen.

4 Entsprechend der Häufigkeit jeder bilateralen prozeduralen Kommunikation positioniert das Optimierungsverfahren FACETS®-EXCEL alle Organisationseinheiten *OE* in einem 2-dimensionalen Organisations-Feld (Abb. 2): Je häufiger die Kommunikation von <OE_i - OE_j> im Prozess auftritt, umso geringer wird der Abstand zwischen OE_i und OE_j gewählt.

5 Mit der organisatorisch optimalen Positionierung aller OE_i ist der Wert des Funktionals *Summe aller räumlich gewichteten Interdependenzen* minimiert.

6 Damit ist die Struktur des Organisationsplans definiert.

			Intranet			
	Personalabteilung	Zentrale Beschwerdestelle	Rechenzentrum	Radiologie	Notfallpraxis	
Hausarzt	Ambulanz	Chirurgie	**Patient**	Bettenverteilung	Anästhesist	Examin. Pflegeperson
Rettungsdienst	Facharzt f. Unfallchirurgie	Routinediagnostik	Pflegekraft	Röntgen	Anästhesie	Schmerztherapeut
Neurologe	Mitarbeiter	Endoskopie	Chefarzt	Oberarzt	Behandelnder Arzt	Stomatherapeut
Gynäkologie	Pflegedienstleitung	EKG	Stationsarzt	Sozialdienst	Assistenzarzt	Physikal. Therapeuten
	Orthopädiewerkstatt	Schnellschnittlabor	Labor	Pflegedienst	Notapotheke	

Abbildung 2: Krankenhaus. Optimierte 2-dimensionale Organisationsstruktur

Kein Mensch kann Tausende Zusammenhänge erfassen und optimieren. Unter den zahlreichen Strukturen gibt es welche, die ähnlich sind und deren Funktionalwerte sich nur wenig unterscheiden. Andere erscheinen zwar plausibel, bewirken aber einen sehr ungünstigen Ablauf.

Wir haben also die optimale Organisationsstruktur in einem Krankenhaus berechnet: Abbildung 2 zeigt die Lage der OE zueinander. Dass die *Chirurgie* in dieser Organisationsstruktur direkt am *Patienten* liegt (in der Darstellung links neben dem Patienten, was wegen der Symmetrie der Struktur unbedeutend ist), lag an der spezifischen Ausrichtung der Aufgaben des analysierten Krankenhauses, das diesbezüglich offenbar meinem glich. Die Struktur war für mich interessant: ich hatte die Optimierung zufällig wenige Monate vor meiner Einlieferung in mein Krankenhaus durchgerechnet, sie begleitete mich aber dort in keiner Weise, auch änderte dieses Wissen nicht meine Sicht auf die eigene wochenlange Behandlung und meine Situation.

Die professionelle Bestimmung der organisatorischen Struktur ist ein wichtiger Schritt zu Vermeidung ungünstiger Konstellationen. Die bekannten Praktiken der Definition einer Projektorganisation sind beklemmend unprofessionell.

Wir bezeichnen sie deshalb als *Todsünde*.

9.2 TS 2 Blindflug durch das Projekt

Niemandem würde es einfallen, mit verbundenen Augen durch eine Stadt zu fahren. Projektmanager tun dies, wenn sie in Prozessen arbeiten, die sie nicht kennen. Dabei sind ein professionelles Prozessverständnis und die Fehlerfreiheit repräsentativer Prozessmodelle die Voraussetzung für den Erfolg aller weiteren Schritte – die Optimierung, Führung und Standardisierung von Prozessen. Nur so kann ein *Produkt* in der vom Kunden geforderten Qualität erhalten werden. Noch bevor aber der praktische Workflow ansetzt müssen die entscheidenden theoretischen Schritte erledigt sein.

9.2.1 Die Fehler

Eine vollständige, widerspruchsfreie und durchgängige Geschäftsprozesslandschaft mit abgestimmten Schnittstellen und zugeordneten Dokumenten, die per Mausklick abgerufen werden können, ist das Rückgrat von Wissen, die Basis einer effizienten Kommunikation und damit eine der wesentlichen Voraussetzungen für ein erfolgreiches Projekt.

Obwohl jeder weiß, dass unentdeckte Prozessfehler in die Projektbearbeitung verschleppt werden und oftmals erst bei der Bearbeitung der Hardware zutage treten, ist die Neigung, ohne den wichtigen Zwischenschritt der detaillierten Prozessmodellierung und -analyse auskommen und sich mit einer primitiven Darstellung der Prozessverhältnisse begnügen zu wollen, also direkt in die Workflow Ebene einzusteigen, mittlerweile zu einer kostspieligen Angewohnheit geworden. Das Vorgehen resultiert aus der irrigen Meinung, man kenne seine Prozesse hinreichend genau und könne deshalb auf ein detailliertes Modell verzichten. Stattdessen verlässt man sich auf einfache Prozessdarstellungen, wie sie sogar in manchen Normenpapieren als verbindlich ausgewiesen werden.

Der krasse Gegensatz zum Verzicht auf die Detailmodellierung, mit dem Argument man kenne die Prozesse hinreichend genau, ist die ebenso falsche Begründung, man könne komplexe Zusammenhänge ohnedies nicht modellieren und müsse deshalb wieder einmal *aus dem Bauch entscheiden*. Diese Haltung, oftmals jene einer als allmächtig gefühlten Unternehmensleitung, kann verheerend sein, denn die genaue Kenntnis der Prozessstruktur ist eine unabdingbare Voraussetzung für Planung, Führung, Kontrolle und Optimierung der Unternehmensprozesse, ebenso für die Generierung der Organisationsstruktur, wie wir das zuvor in Kap. 9.1 erörtert haben.

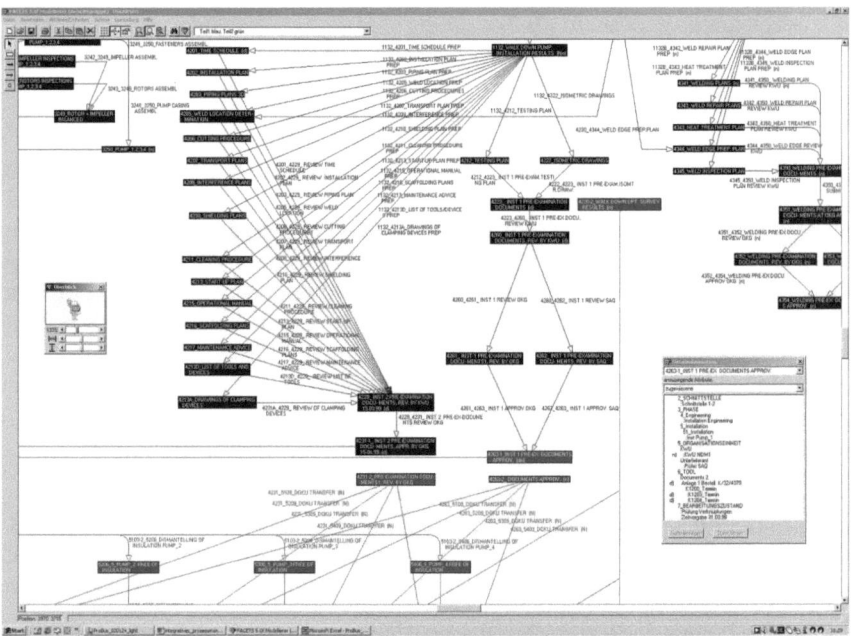

Abbildung 3: FACETS Prozessmodell. Gesamtdarstellung. Projekt: Austausch von Pumpengehäusen.

Modellierung wird allzu oft als Mühe empfunden und nicht als die Chance, Fehler in nunmehr transparenten Prozessen frühzeitig zu entdecken. Man ahnt den beträchtlichen Aufwand einer systematischen Analyse und distanziert sich deshalb von diesem Vorgehen. Manche tun es auch mit dem absurden Argument des Verlustes von Kreativität.

Inkrementelle Änderungen hingegen sollen das Problem lösen. Sie wären nur mit kleinen kulturellen und objektorientierten Barrieren verbunden, sie ließen Spielraum und wären außerdem leicht zu durchschauen. Also wozu dann überhaupt noch Prozessmodellierung im Prozessmanagement? Man kann es ja durchaus einmal ohne diesen Aufwand versuchen, vielleicht klappt es sogar.

9.2.2 Die Problemlösung

Für die Modellierung gibt es eine Vielzahl von Modellformen und –arten und ebenso verschiedene Möglichkeiten, eine Prozessstruktur darzustellen.

Wer sich einer Art verschrieben hat, hat sich daran gewöhnt, schwört deshalb auf sie und lässt sich dann kaum mehr davon abbringen. Das gilt auch für uns. Was für Planetenmodelle galt, gilt heute auch für Prozessmodelle: Jenes Modell, das mit den geringsten Zusatzannahmen auskommt, ist nach unserer Ansicht das Beste.

Prozesse jeder Art, Größe und Komplexität lassen sich mit zwei Arten von Prozesselementen darstellen: *Ergebnisse* und *Tätigkeiten*. Tätigkeiten verändern Ergebnisse qualitativ zu anderen Ergebnissen mit anderen Eigenschaften. Um komplexe Prozesse zu strukturieren, können den Ergebnissen Attribute zugeordnet werden. Beispielsweise *Organisationseinheiten*, wie sie bei der Berechnung der Organisationsstruktur verwendet werden. Aber auch Werkzeuge, Zeiten, Orte etc. Eine der Grundlagen dieses Verfahrens ist die Technik der Freien Prozesssichten von FACETS® [1]. Unter Anwendung der Attribute kann der Gesamtprozess, welcher nicht selten aus Hunderten Elementen besteht, durch *Sichten* in Teilprozesse zerlegt werden. Eine solche Sicht ist das Einfärben oder Auswählen von Elementen, in denen eine Organisationseinheit mitwirkt.

Mit Hilfe solcher Sichten werden auch umfangreiche Prozesse transparent. Aus jahrzehntelangem Umgang mit komplexen Prozessen sind die Gründe für das Scheitern vieler Diskussionen klar geworden. Dies lag bislang letztendlich in der Inkonsistenz zwischen Meinungen, Dokumenten und Prozessen. Aus dieser Erkenntnis haben wir eine Methode entwickelt, mit der wir auch aus völlig unstrukturierter Information ein schlüssiges Prozessmodell erzeugen, welches die Basis für das weitere Vorgehen bildet. Derart haben wir eine Vielzahl von Prozessen unterschiedlicher Art und Komplexität aufgenommen, zerlegt, analysiert, optimiert und standardisiert.

Während dieser Arbeit hat sich sukzessive das Verfahren *fuzzy mapping*^{TM} entwickelt. Mit ihm bleibt die Konsistenz von zunächst unstrukturierter Information auf dem Weg bis zum verhärteten Prozessmodell nicht nur erhalten, sondern wird über die Grenzen der Informationsebenen erweitert. Ergebnis ist damit ein vollständiger stimmiger Prozess ohne Logikfehler mit konsistenten Informationsinhalten, definierten Partnern und klaren Schnittstellen.

fuzzy mapping™ besteht aus vier *Ebenen*:

1 Die Mentale Ebene
Unser Gedächtnis enthält den Großteil unseres Wissens und seiner Zusammenhänge. Diese Erfahrung ist die Basis unseres Tuns. Der größte Teil davon kann nicht aufgeschrieben werden, weil er zu umfangreich ist; in einem Unternehmen bleibt er daher ungehoben – in den Köpfen der Mitarbeiter und Führungskräfte.

2 Die Deskriptive Ebene
In mehr oder weniger strukturierten Dokumenten (Bücher, Zeitschriften, Internet) liegt ein zwar beachtlicher, doch im Vergleich zum Inhalt der Mentalen Ebene kleiner Teil unseres Wissens vor.

3 Die Attributive Ebene
Die wichtigen Elemente einer Informationsmenge, wie sie in der *Deskriptiven Ebene* vorliegen, werden herausgestellt (gefärbt oder ausgewählt), womit der Prozess inhaltlich strukturiert und das Suchen zugeordneter Informationen aus dem Prozess heraus unterstützt werden.

4 Die Prozedurale Ebene
Sie stellt alle wichtigen Ergebnisse als Ablauf dar, also in kausalem Zusammenhang. Im resultierenden Prozessmodell liegt damit ein konsistenter assoziativer Bezug vor, wie er vorher lediglich in den Ideen, Vorstellungen, im mentalen Wissen, in Handbüchern, Normen, Fach- und Arbeitsanweisungen und den Elementen verschiedener Stützprozesse verdeckt und in unterschiedlicher Verdichtung bestand.

Nach dem Durchgang durch dieses Ordnungssystem liegt die gesamte Information aus allen vier Ebenen konsistent und widerspruchsfrei vor, wobei sich die Inhalte zwanglos ergänzen.

In zahlreichen konkreten Beispielen aus unterschiedlichen Bereichen und Disziplinen konnten wir zeigen, dass jeder Vorgang in ein Prozessmodell umgesetzt werden kann und sei er noch so abstrakter, komplexer oder diffuser Natur.

Beispielsweise konnte die Einkopplung von Managementprozessen in kaufmännische Abläufe nachvollziehbar dargestellt und handhabbar gemacht werden, obwohl ihre Zusammenhänge nicht von vornherein sichtbar waren. Bei diesem Vorgang war eine erstaunliche Kongruenz zwischen Abteilungen unterschiedlichen Wissens und unterschiedlicher Interessen zu erkennen:

Bei der Konsistenzprüfung von 19 Handbuchvarianten zu einem Thema haben wir die Beschreibungen von 165 Abteilungen zur Angebots- und Auftragsabwicklung zu einer konsistenten Einheit zusammengefasst. Bei der inhaltlichen Konsistenzprüfung der vier Ebenen traten alle Lücken und

Logikfehler der Varianten zutage. Komplexe, fehlerhafte und unvollständige Beschreibungen des Sachverhalts gingen in präzise, vollständige und durchgängige Teilprozessmodelle über, die dann über abgestimmte Schnittstellen zu einem einzigen harmonischen und konsistenten Prozess der Angebots- und Auftragsabwicklung zusammengefasst wurden.

Doppelnennungen entfielen. Der sprachliche Inhalt des Handbuches wurde nachträglich adaptiert und allen Abteilungen zur Verfügung gestellt.

In *fuzzy mapping*^{TM} werden die Inhalte der vier Ebenen durch eine fortwährende bilaterale Konsistenzprüfung <I, J> wechselseitig abgefragt. [Abbildung 4]. Damit wird geprüft, ob zwischen Aussagen der Ebenen Widersprüche existieren. Die Betrachtung deckt Inkonsistenzen zwischen den Aussagen der Ebenen <I, J> auf. *fuzzy mapping*^{TM} findet grundsätzlich jede Inkonsistenz, obwohl das System, wie sein Name angibt, ein *Unscharfes System* ist, was aber keineswegs bedeutet, dass seine Aussagen unscharf oder gar bedeutungslos sind. Vielmehr ist das Ergebnis des Verfahrens der stimmige Inhalt aller Wissensebenen, insbesondere des Ablaufmodells für das Projekt, dessen Inhalte, also Struktur, Partner, Schnittstellen, Werkzeuge und Inhalt der hinterlegten Dokumente bestmöglich zusammenpassen.

	fuzzy matrix^{TM}			
	Prüfende Elemente			
Geprüfte Elemente	**Mentale Ebene**	**Deskriptive Ebene**	**Attributive Ebene**	**Prozedurale Ebene**
Mentale Ebene	**Wissensbasis vollständig und aussagekräftig**	Mentales Wissen in Dokumenten beschrieben?	Mentales Wissen attributiv strukturiert?	Mentales Wissen logisch dargestellt?
Deskriptive Ebene	Dokumente auf Vollständigkeit geprüft?	**Dokumente vollständig und aussagekräftig**	Highlights in Dokumenten identifiziert?	Dokumentstruktur logisch und zwingend?
Attributive Ebene	Attribute im Einklang mit dem Wissen?	Sind alle Attribute erfasst?	**Attributekatalog wirksam für Sichtbildung**	Prozesselemente attributiv gekennzeichnet?
Prozedurale Ebene	Enthält der Prozess die gesamte Erfahrung?	Enthält der Prozess alle wichtigen Dokumentinhalte?	Alle Prozessmerkmale kennzeichenbar?	**Prozess vollständig, widerspruchsfrei**

Abbildung 4: *fuzzy matrix*^{TM}. Wechselseitige Prüfung der Wissensebenen

Dabei ist die Abstimmung zwischen den Schnittstellen verschiedener Prozesse besonders wichtig, weil Schnittstellenfehler viel Zeit und Geld kosten und ein Projekt verderben können.

Prozesse werden zusammen mit ihren Dokumenten in folgenden Schritten behandelt:

o Gemeinsam mit den Kunden wird der Ist-Ablauf des Projektes mit der strukturierenden Methode *fuzzy mapping*^{TM} aufgenommen [2].
o Darauf basierend wird eine fundierte Schnittstellenanalyse durchgeführt.
o Der Abstimmungsaufwand innerhalb des Prozesses wird durch geeignete Modularisierung des Gesamtprozesses minimiert. Dieser Vorgang bedarf hinreichender Prozesserfahrung.
o Die Verantwortlichkeiten und Anweisungsbefugnisse werden aufgrund ihrer Prozesswirkung definiert. Es sind immer wieder die Inhalte von Kap. 9.1. Damit werden die wesentlichen Elemente der Organisationsstruktur an den Prozessablauf angeglichen.
o Mit *fuzzy mapping*^{TM} werden Redundanzen identifiziert und beseitigt, die bei der Zusammenführung von Dokumenten zwangsläufig entstehen, aber erst mit ihrer Einbindung in die Prozessstruktur sichtbar werden.
o Die Kommunikationsstruktur und die Transferleistungen des Unternehmens bzw. des Projekts werden optimiert, was den Transferaufwand zwischen den internen und externen Organisationseinheiten minimiert. Durch *fuzzy mapping*^{TM} werden Informationen und Inhalte der Dokumente zu Bestandteilen der Prozessstruktur.
o Aufwendungen werden differentiell und integral, vor allem aber quantitativ durch Kennzahlen erfasst. Damit sind Ort und Wirkung aller Maßnahmen bekannt.
o Alle Ergebnisse werden auf Firmenservern bereitgestellt; sie können daher zentral gewartet und abgerufen werden.
o Führungskräfte und Mitarbeiter werden in allen Schritten des Prozessmanagements solange geschult, bis sie die erforderlichen Arbeiten selbständig durchführen können.

Erst jetzt kann Prozessmanagement als logische und sachliche Führung des Projektmanagements auftreten.

9.3 TS 3 Sonderbare Barrieren

Moderne Gesellschaften sind durch vielseitige Interdependenzen und Interaktionen gekennzeichnet. Sie gerieren eine Vielzahl von Barrieren und einen hohen Bedarf an Koordination, denn manche dieser Widerstände können einen

Prozess bis zur Unrentabilität hemmen, einige können die Wertschöpfungskette sogar total stoppen.

Die Dynamik jedes Prozesses ist letztlich eine Funktion der Barrierenwirkung, also abhängig von der Wirkung der Barrieren.

Jede Barriere hat ihre spezifischen Eigenschaften und es ist unabdingbar, sich mit allen auseinanderzusetzen; mit ihren Problemen, die sie uns bereiten, den Kosten und dem Zeitverzug. Manche kommen scheinbar aus dem Nichts und können ein Unternehmen an den Rand des Abgrunds bringen. Alle haben angeblich einen sachlichen Urgrund, was aber nicht unbedingt der Fall ist.

Das Paradebeispiel einer Barriere gegen den Einsatz eines Produkts ist die Verhinderung des Ausstoßes sogenannter ‚Treibhausgase', die dieses Produkt produziert. ‚De-Carbonisierung' nennt sich der politische Ansatz pseudowissenschaftlich. Kohlenwasserstoffe sollen von der Erde verschwinden und damit Erdöl und Kohle.

Natürlich kommt aus dem Auspuff eines jeden Autos, das Kohlenwasserstoffe verbrennt, also Benzin oder Diesel, die dem chemischen Vorgang der Verbrennung entsprechende Menge Dreck. Aus Millionen von Autos. Tag für Tag, Jahr für Jahr. Nicht erst jetzt, sondern seit der Erfindung von Daimler. Das ist bekannt und wurde bisher geduldet und gefördert. Nun aber kommt plötzlich eine Forderung = Barriere: Man muss etwas gegen den Dreck unternehmen. Nicht Auto fahren oder Elektroautos verwenden, weil damit der Dreck nicht dort gemacht wird, wo das Ding fährt. Heiliger St. Florian, dass damit wegen des schlechteren Wirkungsgrades noch mehr Dreck entsteht – vor allem woanders – interessiert die lokalen Sauberfrauen und -männer nicht.

Ein Anteil des Drecks spielte bis zu diesem Zeitpunkt eine völlig untergeordnete Rolle: CO_2. Doch wird In letzter Zeit dieses unsichtbare, geruchlose, ungiftige Gas der Bevölkerung als Klimaschädling erster Klasse verkauft. Es erwärmt die Erde und diese geht daran zugrunde. Das ist die Kernaussage. Dass insbesondere die Sonne die Erde erwärmt, hat man noch nicht bemerkt. Dass Grönland früher Grünland war, interessiert die Weltretter nicht. Aus politischen Gründen hat man das Gas als neue Barriere gegen eine ungeliebte, wenn auch bewährte Technik ins Visier genommen.

Das Gas verändert unser Erdklima kritisch. Wer das bezweifelt hat schon in der politischen Eröffnung des Umweltspiels verloren. Man hat den Weltrettern zu glauben. Basta.

Die Kerntechnik hat vor Jahrzehnten mit diesem blödsinnigen Argument argumentiert, wollte damit punkten, denn bei der Erzeugung von Kernenergie produziert man tatsächlich kein CO_2. Dieses lächerliche Gas, *das in einer Konzentration von 450 ppm, also mit 0,5 Promille in der Atmosphäre vorhanden ist, sollte verantwortlich für unser Klima sein. Darum also Kernenergie!*

Mittlerweile ist die Kernenergie in Deutschland aus politischen Gründen im Abseits. Strom aus Kernenergie wird in Deutschland bald nicht mehr verfügbar sein. Aus Sicherheitsgründen. Aus dem Ausland, von unsicheren Anlagen her wird man ihn weiter beziehen können. Politische Argumente schlagen Sicherheitsargumente.

Jetzt aber wo das CO_2 ins Rampenlicht der Weltretter gekommen ist und auf Teufel komm' raus eingespart werden soll – was völliger Nonsens ist –, wollen sich die Weltretter partout nicht mehr der CO_2-freien Technik besinnen: der Kernenergie. Möge das verstehen wer will.

Die Weltretter haben sich völlig in das Durchkämpfen dieser einen Barriere, CO_2, verbissen, und dabei haben sie den sichtbaren Dreck aus den Augen verloren. Insbesondere den Feinstaub vom Reifenabrieb, dessen Spuren wir auf unserem Hemdkragen finden und in unseren Lungen. Er bleibt aber als politische Barriere uninteressant, weil Staub die Erde kühlt und nicht in die politisch momentan wichtige Erderwärmung passt, und weil die braven E-Autos auch einen solchen Abrieb produzieren.

Mit dem Feinstaub in unseren Lungen werden wir die Erderwärmung, gegen die wir kämpfen, ohnedies nicht mehr erleben, was aber bei Barrierekämpfen dieser Art unbedeutend ist. Es geht nur um den momentanen politischen Erfolg, und dabei ist die Wahl der Barrieren extrem wichtig.

Die Klimaschädlichkeit der Auspuffgase und des Outputs kalorischer Kraftwerke hat mit der Inauguration dieses harmlosen Gases eine neue unphysikalische Dimension erreicht, und diese wird uns mit politischem Nachdruck erklärt, damit wir unseren notwendigen Beitrag zur Rettung der Welt begreifen.

Halten Sie mich jetzt nicht für einen unbedarften Zeitgenossen, der nicht weiß, welche Bedeutung ein konzentrierter und kontinuierlich wachsender Technologieeinsatz für unseren Planeten hat. Ich bi auch keineswegs ein Fan des Drecks, den wir überall Tat um Tag erzeugen, im Gegenteil. Aber wir sind einfach schon sehr viele auf dieser Erde und wir beanspruchen sie zudem spezifisch immer stärker.

Aber gerade diese irrwitzig konstruierte Technikbarriere gegen eine der erfolgreichsten Technologien des zwanzigsten Jahrhunderts wurde spontan und hysterisch zu einer umfassenden Katastrophe erklärt und damit für die Automobilunternehmen und für die Technik fossil gefeuerter Kraftwerke brandgefährlich. Allerdings hat sich die physikalische Relevanz des Effekts durch die Zunahme der Erdbevölkerung quantitativ verändert. Der *krampfhafte Versuch einer Reduktion des CO_2-Ausstoßes aber wird die Erde nicht retten. Hier müssen andere Mittel her, wirksamere und vor allem physikalische Barrieren. Politiker sind keine Physiker. Im Gegenteil.*

MIT-Professor Richard Lindzen hat US-Präsident Trump in einer Petition aufgefordert, die USA aus der UN-Konvention zum Klimawandel abzuziehen. 300 namhafte Wissenschaftler haben hier unterzeichnet. Die Absorption der 15µm-IR-Erdoberflächenabstrahlung durch das Kohlendioxid der Troposphäre ist gesättigt, was 1988 auch der Enquete-Bericht des BRD Bundestags festgestellt hat. Die Klimasensitivität des Kohlendioxids beträgt weniger als 1°C, womit neben der Erneuerbarkeit von Energie auch das sog. ‚Zwei-Grad-Ziel' der berühmten Bundeskanzlerin eine Fiktion ist.

Wundern Sie sich nicht, dass ich diesen Sachverhalt gerade hier derart ausführlich ausbreite, scheint er doch nichts mit Prozessmanagement zu tun zu haben. Aber das Gegenteil ist der Fall, denn Prozessbarrieren, welche wie diese unmittelbar vor einem nahen Ziel aus dem Ärmel geschüttelt werden, insbesondere wenn sie einem politischen Zweck dienen, können eine Technologie völlig ruinieren. Ob das dem Klima hilft, ist zu bezweifeln. Die schöne neue Öko-Welt wird zum globalisierten *schwarzen Markt*, auf dem das künstlich imaginäre Gut CO_2 hin- und hergeschoben werden kann, zum Wohle der Schieber, ohne höheren Nutzeffekt.

Sie sollten also jeden Prozess, auch wenn er bisher erfolgreich war und das Ziel scheinbar vor ihrer Nase liegt, immer wieder auf den Prüfstand stellen. Sie sollten nach möglichen Barrieren fragen, die aus dem Nichts auftauchen können. Wenn Sie das nicht tun, kann Ihr Unternehmen böse Überraschungen erleben. Alles was die Menschen bewegt, kann irgendwo und auf irgendeine Weise zu einer unangenehmen Randbedingung werden, und man sollte niemals meinen, dass etwas, von dem man glaubt, es könne nicht geschehen, nur weil es unwahrscheinlich klingt, tatsächlich nicht geschähe. Das kann ein verheerender Irrtum sein, denn alles was geschehen kann, wird einmal geschehen. Die Frage ist nur wann und was Sie dann unternehmen müssen.

Ich war Ende Juli 2004 auf dem Dachstein und habe den Gosaukamm umwandert, bin mit großem Vergnügen im Gosausee geschwommen. Am 10. September, kaum zwei Monate danach hat man mir die Diagnose Magenkrebs überreicht. Als eine besondere Randbedingung für den Rest meines Lebens sozusagen. [5]

Prozesse und ihre Ergebnisse bewegen die ganze Menschheit, und in ihnen wirkt ein ganzes Spektrum von Randbedingungen: Mentale, Psychologische, Soziale, Rechtliche und Politische. Sie treten in Form von Wissen oder

Wissenslücken auf, als Erfahrung und mangelnde Erfahrung, in der Verkleidung von Freundschaft und Feindschaft, als Mut und Furcht, Hass und Liebe, Gram und Freude. In Technik und Wirtschaft. Verschiedene Objekte, Dinge, Begriffe, Prinzipien, Axiome, Maxime, Bekenntnisse spielen dabei ihre angestammte Rolle. Werkzeuge, Rohstoffe, Zeit, Raum, Geld, Gesetze, Normen, Regeln, Richtlinien. Alles was man sich wünscht oder verflucht ist darunter, kann als Randbedingung auftreten. Das macht Prozessmanagement so vielseitig und spannend.

Nachdem alles mit allem zusammenhängt, ist es gleichgültig, wo Sie mit der Modellierung der Abläufe Ihres Projektes anfangen und wo Sie damit aufhören. Wenn Sie nur alles Wichtige vollständig beschreiben sollten Sie immer zum selben Ergebnis kommen. Nur Barrieren können dies verhindern.

9.3.1 Naturgesetze

Jeder Prozess ist an die Naturgesetze gebunden und diese an die Naturkonstanten. Obwohl sie die wesentlichen Parameter der Naturgesetze darstellen und damit die unerbittlichsten Randbedingungen aller Prozesse, treten sie nirgendwo direkt in Erscheinung. Fast beklemmend ist es, dass im Prozessmanagement nichts von ihnen zu finden ist, was ernsthaft darauf hinweist, dass man die Aufgabe dieser Disziplin, die vielen *Beratern* Lohn und Brot gibt, nicht wirklich verstanden hat.

Zu den berühmtesten Naturkonstanten gehören insbesondere die Lichtgeschwindigkeit, das Plancksche Wirkungsquantum und die elektrische Elementarladung. In den Naturgesetzen spielen sie eine entscheidende Rolle, im Alltag hingegen berühren sie uns nur indirekt. Mit Größen wie Reibung, Festigkeit, Strömungswiderstand, Auftrieb, Energiebilanz, Wirkungsgrad, Energiedichte, Energieübertragung, Computergeschwindigkeit, Informationsübertragung, GPS, Fernsehapparat, Herd, Staubsauger, Waschmaschine, Automobil usw.

Eines der wichtigsten Gesetze ist jenes der Erhaltung der *Energie*. Im Moment wird es von wissenschaftlichen Gnomen mit Füßen getreten, was die Bevölkerung nicht stört, weil sie auch nichts davon versteht.

In allen Aktionen eines Projekts spielt Energie – neben Geld und menschlichen Ressourcen – die maßgebliche Rolle. Energie kommt nicht aus dem Nichts, auch wenn derzeit so getan wird. Wir müssen sie bereitstellen, jederzeit in jener Menge und Art in der wir sie brauchen. Umso unverständlicher ist es, dass man in letzter Zeit mit dem physikalischen Faktum des *Energieverbrauchs* (eigentlich ist es die *Entwertung der Energie*) unwissenschaftlich und vor allem unrichtig umgeht, indem man nicht nur von der *Erneuerbarkeit der Energie* spricht, sondern sie auch zu praktizieren behauptet. Ein Teil der Bevölkerung glaubt offenbar an diesen unbeschreiblichen physikalischen Unsinn, was man in Physiker-Kreisen vor kurzer Zeit noch für völlig unmöglich gehalten hätte. Deutschland versucht das Perpetuum Mobile international zu vermarkten, was aber nicht gelingen wird.

Politiker brauchen nicht zu wissen, was Entropie ist, verstehen sie doch mit Fiktionen ihren Einfluss zu mehren. Dazu setzen sie ein Naturgesetz außer Kraft, zum Beispiel das von der Erhaltung der Energie und geben damit gleichzeitig vor, die Umwelt zu schützen. Da Menschen nicht zur politisch relevanten Umwelt gehören, nehmen sie im selben Atemzug zynisch Tausende Verkehrstote billigend in Kauf: in Deutschland 2016 mehr als 3000 Tote im Straßenverkehr. Es wäre eine epidemische Randbedingung für die Automobilindustrie, zöge man aus diesem Faktum die Konsequenzen.

Stattdessen scheut man auch vor einem weiteren kapitalen Unsinn nicht zurück:

Man kann die Energiewende immer wieder als Beispiel bringen. Ist sie doch eine Erfindung von Deutschlands genialer Bundeskanzlerin, einer angeblich promovierten Physikerin und vermutlich einiger ihrer wissenschaftlichen Berater. 'Der Luxus einer Überflussgesellschaft', wie sie Professor Hans Werner Sinn bezeichnete.

Physiker witzeln, unter der physikalisch nichtigen Annahme der Erneuerbarkeit von Energie mache sie sich unsterblich, und das unter dem Applaus manipulierter Verbraucher, die sich ohne Murren für die Finanzierung des energetischen Abenteuers zur Kasse bitten lassen. Sie werden nicht gegen den Unfug antreten, solange renommierte Forschungsinstitute ihren finanziellen Etat schamlos aus dem politischen Fördertopf der energetischen Zauberkünstler aufbessern und die Zeche zahlen, ohne zu wissen wofür.

Sehr schnell verkam die Umweltpolitik zur interessengesteuerten Parteipolitik, die an Sachfragen wenig Interesse zeigte. Ein konsequentes Prozessmanagement hätte den Betrug längst aufgedeckt, weil jene Barrieren explizit zutage getreten wären, an denen das Konzept scheitern wird. Freilich hätte es jemandes bedurft, der eine solche Analyse startete. Eine einfache Prozedur, doch offenbar war bis jetzt niemand daran interessiert, diesem Spuk ein Ende zu bereiten.

Wie man als Physiker ob der Konsequenz der Naturgesetze ins Schwärmen gerät, kommt man bei der Inkompetenz und Impertinenz der Politiker ins Grübeln.

9.3.2 Objektbarrieren

Objektbarrieren sind Fakten, die im Prozess ähnlich wirken, wie eine Sprunglatte auf dem Sportplatz. Solange sie niemand zu überqueren versucht, hat sie keine Bedeutung, doch wird sie im Wettbewerb zum bestimmenden Faktor. Die Behauptung, dass die Lichtgeschwindigkeit eigentlich doppelt so groß ist, wie bisher gemessen, ist noch keine Barriere. Sie wird erst dazu, wenn man sie technisch versucht außer Kraft zu setzen.

Beispiel:

Zur entscheidenden Barriere für die Energieversorgung Deutschlands wird die Energiewende. Dafür müssen Zehntausende Windräder an das öffentliche Stromnetz angeschlossen werden.

Für ihre Wirkung wiederum sind die Fluktuation der Verfügbarkeit von Wind und Sonne und der Mangel an Stromtrassen oder ‚Stromautobahnen', wie sie deutsche Techniker wohl aus überquellender Begeisterung von der noch funktionierenden deutschen Automobiltechnik nennen, die entscheidenden Barrieren. Wie oben erwähnt kämpft die Automobiltechnik bereits jetzt schon gegen eine fiktive von der Politik perfide installierte Barriere.

Doch werden die Strafen für das Begehen von Todsünden gerecht verteilt, und so ist schon die erste Barriere im Energiewende-Konzept, nämlich die Fluktuation von Wind und Strom, nicht zu beseitigen. Auch nicht durch die Verzehnfachung der Anzahl von Rädern, da Windstille ein sog. Common Mode Effekt ist, also auf einen ganzen Landstrich mit vielen Quadratkilometern wirkt. Bei Windstille fällt dann dort die gesamte Energieerzeugung aus und muss durch Gas, Kohle und Kernenergie ersetzt werden.

Das Dilemma, das beim Versuch auftritt, die zweite Barriere, die der leidigen Stromverteilung, zu beheben, ist der Widerstand der Bevölkerung: sie möchte zwar den sogenannten ‚Grünen Strom', weil er angeblich sauber und ungefährlich ist, aber sie will keine Stromtrassen. Die gewaltigen Konsequenzen der baulichen Maßnahmen zur Beseitigung dieser Barriere (Stichwort Umwelt) können nicht einmal erfahrene Techniker ermessen, weil ein Versuch in dieser Dimension noch nie gemacht wurde.

Bei der Energiewende tritt also der seltene Fall einer Doppelbarriere auf. Solcherart Barrieren sind problematisch. Diese hier kann nur gewaltsam beseitigt werden, weil man dabei naturwissenschaftliche Prinzipien (Energie ist nicht ohne massiven Eingriff in die Natur herstellbar; Energie ist nicht erneuerbar) und technische Randbedingungen (ein Land wehrt sich gegen gewaltige Trassen) außer Kraft setzen muss.

Der unbedingte Wille zur Beseitigung dieser Barrieren ist daher von der Art einer Kriegserklärung gegen das eigene Land. Gegen den Widerstand der Bevölkerung wird Deutschland ober- und unterirdisch über Hunderte

Kilometer mit Hochspannungskabeln durchzogen werden oder es wird die Energiewende aufgegeben werden müssen.

Zudem sind Windräder aktive Hochgeschwindigkeits-Barrieren: Tag für Tag werden sie eine beachtliche Anzahl von Vögeln zerhacken, doch wird das die Naturschutzverbände wie bisher nicht weiter stören.

Dies ist ein Paradebeispiel für nicht behebbare Barrieren. Aus der Situationsbeschreibung sind unterschiedliche die Interessenslage, sowie Wirkung und Wahrnehmung von Barrieren erkennbar.

Logische, geometrische und naturgesetzliche Barrieren können ohnedies nicht per Dekret aus der Welt geschaffen, aber sie können geschickt umgangen werden. Wer aber meint, er könne sich einfach über sie hinwegsetzen, ist ein Narr, wer einen solchen Versuch dennoch durchzusetzen versucht ein Betrüger.

Manche *Objektbarrieren* sind versöhnlich, zumal sie mit geringem Aufwand beseitigt werden können.

Beispiele für Objektbarrieren, die einen Prozess behindern und die Abhilfe:

o *Loch im Reifen*   *Abdichten*
o *Zu wenig Treibstoff im Tank*   *Auftanken*
o *Falscher Rohstoff*   *Richtiger Rohstoff*
o *Falsche Temperatur*   *Aufheizen oder Kühlen*
o *Falscher Zeitpunkt*   *Zeitplanung*

Mit einer präzisen und hinreichenden detaillierten Definition der Qualitätsmerkmale des gewünschten Produktes und den richtigen Parametern jenes Prozesses, der das Produkt erzeugt, vermeidet man Fehler, indem man die Wirkungen der Barrieren quantitativ erfasst.

Zu den Parametern des Prozesses gehören die Spezifikationen der Maschinen, der Rohstoffe, der Fertigungsparameter, die in der Produktfertigung eingesetzt bzw. eingestellt werden. Normen sind hilfreich, wenn sie konkreten Sachbezug enthalten. Merkmale für formale *Konformitätsprüfungen* sind für die praktische Anwendung unbrauchbar. Prüfungen dieser Art stehlen Arbeitszeit. Der Vorbereitungsaufwand dafür muss intern minimiert werden.

9.3.3 Strukturbarrieren

Moderne Gesellschaften individualisieren sich zunehmend. Damit werden die Koordination und die Synchronisation unzähliger Prozessschritte der Wertschöpfung erforderlich. Die Sammlung und Strukturierung von Wissen, sowie die Auswertung, Analyse und Optimierung von Daten und

Datenstrukturen kann in anderer Weise ablaufen, als noch vor wenigen Jahren. Durch das Internet und die gewaltige Rechenleistung, sogar von Notebooks und Tablets, wurden inzwischen künstlich definierte Gliederungen der Prozessstrukturen zur Bewältigung der rechentechnischen Anforderungen, wie sie noch vor kurzer Zeit erforderlich waren, bedeutungslos. Mikro-, Meso- und Makrostrukturen sind miteinander auf natürliche Weise verschmolzen, effiziente, logische und vollständige Darstellungen und Analysen von Teilprozessen sind in beliebigem Detaillierungsgrad möglich, und die Schwerpunkte von Führung und Kontrolle haben sich damit verlagert.

Die Unternehmensprozesse können mit umfassenden Qualitätsmanagementsystemen abgebildet und zur Kommunikationsbasis für die Unternehmens- und die Prozessorganisation ausgebaut werden. Strukturbarrieren zwischen den Akteuren, die sich aufgrund von Informations-, Wissens- und Erfahrungslücken gebildet haben, verschwinden damit wie von selbst. Mit einem fortschrittlichen Informationstransfer wird das individuelle Wissen verteilt. Damit werden auch Unsicherheit und Misstrauen zwischen den Akteuren abgebaut.

9.3.4 Kulturelle Barrieren

Mit der Individualisierung und der Internationalisierung entstehen allerdings wieder andere Barrieren. Beziehungen an Arbeitsplätzen sind nicht nur produkt- und prozessbezogen, sondern auch kulturell geprägt. Dieser Einfluss ist bedeutend, ihm muss daher besondere Aufmerksamkeit geschenkt werden.

Kulturelle Barrieren sind große Hindernisse und Risiken im Prozessmanagement, denn ihre tiefere Ursache ist ethnischer Natur. Wichtige Einflussgrößen in den Kulturen sind deren spezifisches Zeitempfinden, schon aufgrund klimatischer Gegebenheiten, die Art ihrer Kommunikation, ihre Emotionen, Hierarchien und Regeln. Erziehungs- und Wahrnehmungsunterschiede und die daraus begründeten unterschiedlichen Sichten auf einen objektiv identischen Sachverhalt sind potentielle Quellen für Missverständnisse. Unklare sprachliche Semantik, unterschiedlicher Wissensstand, eine diffuse Erwartungshaltung und vage Wertedefinitionen tragen ihren Teil bei. Zusammenarbeit entlang interkultureller Wertschöpfungsketten bedarf entsprechender Kommunikation und Interaktion. Sie wird durch Sprache, Gestik und Verhalten praktiziert. Der Aufbau eines Netzwerks, in dem solche Faktoren interagieren, ist ein komplizierter sozialer Prozess mit diffusen Barrieren, denn auf den verschiedenen Kommunikationsebenen werden Missverständnisse nicht ausbleiben, insbesondere in der Interpretation nonverbaler Botschaften.

Interkulturelle Kommunikation funktioniert nur, wenn Management und Mitarbeiter bereit sind, sich auf die andere Kultur einzulassen und Unterschiede zu akzeptieren. Die Frage ist, in welcher Tiefe das möglich und zweckmäßig ist. Liberalität bedeutet nicht die vorbehaltlose Hinnahme aller Forderungen des potentiellen Partners, denn das wesentliche Motiv zu einer Hinwendung wird immer die Erwartung eines unmittelbaren persönlichen Gewinns sein. Es ist riskant, sich kritiklos großen Illusionen hinzugeben. Erst wenn die bilateralen Positionen geklärt sind, ist der Versuch sinnvoll, sich mit der Sprache, dem Wissensstand und den Forderungen seines Partners konkret auseinanderzusetzen. Moderne Kommunikationsmittel und -techniken unterstützen die notwendigen Vorgänge dazu heute anders, als dies bisher möglich war. Sie ersetzen aber keineswegs die Diskussionen von Qualitätsvorstellungen über Produkte und Dienstleistungen in größerem Kreis. Nur damit können Unklarheiten im Qualitätsverständnis aufgefunden und beseitig werden.

Die Beseitigung *Kultureller Barrieren* ist eine wichtige Angelegenheit des Top-Managements. Dieses ist dann besonders gefordert, wenn sich Unsicherheiten im täglichen Handeln nicht mehr mit strategischen Mitteln beseitigen lassen. Lokale Charakteristika sind zu beachten und zu respektieren, andernfalls wird die Produktqualität inakzeptabel werden, zumal vorgefundene Gegebenheiten nicht immer die eigenen Voraussetzungen erfüllen. Dazu gehören die Qualifikation der Mitarbeiter, die Bereitschaft zu Übernahme von Verantwortung, die Fokussierung auf Details und die Bewältigung von Risiko und Stress. Sie haben großen Einfluss auf das Verhalten bei einer Verhandlung und bei der Klärung von Sachverhalten im Beisein von Kunden und Gutachtern, wobei das rationale Denken westlicher Kulturkreise nicht auf östliche übertragbar ist.

Die Prozessaufnahme und das nachfolgende Hinterfragen der Logik der Prozessstruktur haben in verkrampften Projektsituationen förmlich *heilende Wirkung*. Konkret bedeutet das, dass sich der Moderator auf die bloße Identifikation des Sachverhalts zu beschränken und nur Unklarheiten zu hinterfragen braucht. Bei dieser Prozedur treten die objektiven Gründe für Differenzen zutage und der Interpretationsspielraum zwischen den Partnern wird sukzessive kleiner, denn in der Diskussion der prozeduralen Zusammenhänge treten Widersprüche offen zutage. Mit ihrer weiteren Erörterung und Beseitigung werden emotionale Sichten automatisch ausgeräumt. Derart ist diese Technik zwingend.

Schon beim ersten Schritt, der *Prozessaufnahme*, werden Aggression und Stress abgebaut. Manche Teilnehmer erfahren zum ersten Mal, dass sie während der Prozedur ihre Meinung offen einbringen können, ohne sich dem Risiko einer Blamage auszusetzen. Angst ist eine große Barriere!

Die Aufgabe eines Managers in einem großen Unternehmen mit einer kommunikationsintensiven global aufgestellten Firmenstruktur besteht darin, gegenseitige Abhängigkeitsverhältnisse zu koordinieren. Damit wird die Führung zu einer Aufgabe, in der überregionale Randbedingungen beachtet werden müssen. Ihre Bewältigung setzt standortübergreifendes Denken voraus. Das gilt natürlich auch für die Mitarbeiter.

Die Manager müssen zwei funktionale Aufgaben wahrnehmen:

o sie müssen die kulturellen Unterschiede erkennen, verstehen und umsetzen
o sie müssen die Ressourcen lokal aufgreifen und anpassen und in das Prozessnetzwerk integrieren.

Der Stress des mittleren Managements ist besonders hoch, denn einerseits zeigt es für die globalen Herausforderungen nicht immer das über den eigenen Standort reichende Verständnis, andererseits wird es als Garant für eine wirksame Entwicklung des gesamten Unternehmens geführt.

9.3.5 Rechtliche Barrieren

Es gibt auch Barrieren, die der Mensch für die Regulation seiner Zusammenarbeit selbst definiert hat. Dazu gehören die Gesetze des öffentlichen Rechts, sowie Normen, Regeln und Richtlinien.

Beispiel: Experten aus Wirtschaft, Wissenschaft und Verwaltung der elektrotechnischen Normung stellen in einer Norm die technischen Mindestanforderungen heraus, die ein Schalter erfüllen muss. Dazu gehören Vorgaben zu Material und Dicke der Isolierung; auch die sichere Funktionsweise bei einer vorgegebenen Anzahl von Schaltvorgängen.

Auch die Definition von Testverfahren, mit denen die Einhaltung von Normen nachgeprüft werden kann, ist der Inhalt von Normen.

Neben einzelnen Bauteilen können auch komplette Produkte genormt werden. Stecken in einem Fernsehgerät bereits einige Tausend genormter Bauteile, so sind dies in einem Kraftwerk mehrere Millionen.

Neben dem Nutzen, den die Normen haben, wird mit den sekundären Prozessen, in die sie eingebunden sind, also Akkreditierung, Administration und dem Nachweis ihrer Erfüllung, viel Geld verdient – ohne adäquaten Nutzen für das Qualitätsmanagement, dem diese Prozesse angeblich dienen. Dieser Widerspruch öffnet erhebliches Verbesserungspotential.

In der Regel spricht die Industrie von *Integriertem Prozessmanagement* und *Integriertem Qualitätsmanagement*. Das Adjektiv *integriert* ist hier nicht nur unzutreffend, sondern irreführend.

Eine Software ist beispielsweise nicht in einen Computer integriert, sondern hat integrativen Charakter, spielt eine maßgebliche Rolle.

Das gilt auch für das *Prozessmanagement*. Auch dieses hat *Integrativen Charakter*, also eine integrative, regelnde, ordnende Funktion. Und das in bestmöglichem Maß.

Nach dieser Erkenntnis stehen die Normen für *gebietend*, möglicherweise *richtungweisend*, keinesfalls aber steuernd oder hemmend. Sie haben also keine integrative Funktion.

Beispiel: Das Verkehrszeichen für einen Kreisverkehr hat keine integrative Funktion, obwohl dort alle im Kreis fahren.

Prozessmanagement ist damit wesentlich mehr als angewandte Normen. Das gilt auch für das Qualitätsmanagement. Man sollte also keinesfalls von *Integriertem Qualitätsmanagement* sprechen, sondern auch hier von *Integrativem*.

Hingegen kann man von *Integrierten Normen* sprechen.

9.3.6 Die Zeit als scheinbare Barriere

Prozess- und Projektmanagement haben sich mit dem naturgesetzlichen Charakter jener Barriere auseinanderzusetzen, die unser Leben beschränkt, obwohl sie, wie Geld, nur eine Fiktion ist: die *Zeit*.

Im Prozessmanagement spielt sie eine wesentliche Rolle, weil jeder Prozess eine Zeitfunktion ist, denn im Prozess hängt alles mit allem zusammen, und um die Prozesselemente in quantitative Beziehung zu bringen benutzen wir den Begriff der *Zeit*.

Zeit tritt aber nur selten explizit auf. Als Parameter im Bahnverkehr, auf Flughäfen und im Stau auf der Autobahn. In vielen anderen Situationen ist sie nicht explizit präsent, sondern implizit in irgendeiner Form, im Partner- oder Konkurrenzprozess beispielsweise. Auch im Verkehr tritt sie genau genommen implizit auf, denn wenn mein Zug Verspätung hat, erreiche ich vielleicht das Flugzeug nicht. Wenn ich zu spät in die Küche komme, kocht die Suppe über.

Überall ist sie mit Kosten verbunden. Mit dem verpassten Flugzeug und mit der übergelaufenen Suppe. *Zeit ist Geld* heißt es daher, zu spät zu kommen, kostet Zeit.

Prozesse laufen nur scheinbar nebeneinander her, sondern immer miteinander. Viele Prozesse dieser Welt stehen in Kontakt miteinander, und wenn ein Prozess ungeplant zum Stillstand kommt, warten die anderen auf sein Ergebnis. *Das kostet Zeit*, sagt man daher, was aber Unsinn ist, denn nicht die *Zeit* an sich verursacht die Kosten, sondern der Stillstand von Maschinen in Prozessen, von deren Existenz wir nicht immer etwas ahnen.

Wie Geld ist die Zeit nur ein fiktiver Parameter, der uns die Abstimmung der Abläufe erleichtert oder überhaupt erst ermöglicht. Als es noch keine Arbeitsteilung gab, gab es auch keine Uhren, keine Zeit.

9.3.7 Schnittstellen

An einer *Schnittstelle* wird ein Objekt (*Ergebnis*) von Prozess A nach Prozess B übergeben, und da bei jeder Übergabe etwas schiefgehen kann, haben Schnittstellen die Qualität von Prozessbarrieren. *Prozessbarrieren* werden bei der Übergabe von Ergebnissen durch Tätigkeiten innerhalb eines Prozesses oder über dessen Grenzen wirksam. Manche dieser *Barrieren* lassen sich auf klassische Weise schließen oder beseitigen. Manche sind nicht oder nur schwer auffindbar.

Beispiele

- *Geometrie. Stecker passt nicht in die Dose.*
- *Energie. Der Tank ist leer und die Tankstelle geschlossen.*
- *Zeit: Der Zug ist weg.*
- *Sperre: Schlüssel verloren.*
- *Gesetz: Reispass ist ungültig.*
- *Sport: Eine Staffel als typische Geometrie-Schnittstelle der Leichtathletik; bei jeder Übergabe kann das Holz auf den Boden fallen, dann ist der Ablauf zu Ende.*
- *Sorgfalt: Jemand hinterlässt eine falsche Nachricht.*
- *Unfälle, Wuppertaler Schwebebahn: Die Kollision mit einer Barriere, Kranwagen; eine vergessene Montagekralle, welche die Entgleisung und den Absturz der Bahn bewirkte.*
- *Missverständnis: Aus dieser Schwebebahn war der Elefant Tuffi 1950 während einer Werbefahrt aus der Bahn gesprungen; er hatte wohl eine spezifische Vorstellung vom Zweck seiner Fahrt.*
- *Information: Der Zusammenstoß der Magnetschwebebahn Transrapid mit einem Werkstattwagen hat das Ende einer ganzen Technologie besiegelt. Ursache: Falsche Information über die Belegung der Trasse: die Trasse war nicht frei.*

Prozessbarrieren können schon vor dem Anlaufen des Prozesses entdeckt oder durch das Prozessteam beseitigt werden, also vom Team, das jenen Prozess betreut, in dessen Einflussbereich die Barriere liegt. Mit professioneller Prävention können viele Fehler entdeckt werden, noch bevor Material auf Reisen oder eine Bahn in Betrieb geht. Sie erfolgt durch das Aufstellen eines repräsentativen Prozessmodells und daraufhin eine konzise Schnittstellenanalyse.

9.3.8 Modische Randbedingungen

Eine aktuelle aber wenig originelle Randbedingung ist die CO_2-Menge, die ein Energieverbraucher, also Vielflieger, Autofahrer, Wohnraumheizer ausstößt und der verurteilt wird, weil er damit die Umwelt nachhaltig schädigt. Der Nachweis wird bislang unwissenschaftlich und unbelastbar geführt, was aber niemanden stört.

Natürlich muss der Dreck (beispielsweise der Feinstaub), den wir mit unserer Industrie in der Umwelt unbeschwert erzeugen, minimiert werden. Diese Erkenntnis ist alt. Eine der bisher unbeantworteten Kernfragen aber ist, wie das die Menschheit bei exponentiell wachsender Kopfzahl und Ansprüchen vollbringt. Da kommt plötzlich eine chemische Verbindung ins Spiel, die jeder Weinbauer kennt und deshalb eine brennende Kerze in seinem Weinkeller aufstellt, um nicht zu ersticken. Erstickend ist dieses Gas, CO_2, weil es schwerer als Luft ist und im Weinkeller zu Boden sinkt. Plötzlich aber treibt sich dieses Gas massenhaft in großen Höhen der Atmosphäre herum, wärmt diese mit Hilfe der Sonnenstrahlung auf und ändert von dort aus das Klima.

Nach dieser These wird das Gas definitionsgemäß mit einem Schlag giftig, und die Presse hat auf Geheiß der Politik jeden Vorgang, der diese These erhärtet, zu entdecken und zu veröffentlichen.

Würde man alle Zusammenhänge genauer und vor allem mit wissenschaftlichen Mitteln untersuchen, so träten die wahren Eigenschaften des Gases zutage, das *inert*, also chemisch träge und keinesfalls giftig ist, das in unserer Atmosphäre schon seit Millionen von Jahren herumgeistert, in wechselnder aber winziger Konzentration, das unsere Pflanzen am Leben erhält, das aber nun mit einem Schlag – ohne dass man die Zusammenhänge zwischen seiner Konzentration, den Temperaturen und Drücken in der Atmosphäre und dem Wohlbefinden der Menschheit wissenschaftlich quantitativ beschreiben konnte –, zum Treiber in einer politisch gesteuerten Wirtschaft wurde.

Dort wird munter drauflos behauptet. Ohne die Zusammenhänge belastbar zu beschreiben, machen sich Damen und Herren von Politik und Wirtschaft mit dieser These breit, sichern ihre Vorteile mit dem Argument von ein paar *ppm* (*Parts per Million*) eines Stoffes, der bisher niemand interessiert hat, um den sich deshalb bisher niemand gekümmert hat und dessen globale Wirkung niemand bewerten kann. Doch hat in letzter Zeit man herausgefunden, dass man mit seiner Hilfe und mit einer neuen und politisch als angeblich wirksam und wichtig definierten Randbedingung, nämlich der Konzentration sogenannter *Treibhausgase*, die es seit jeher in dieser winzigen Konzentration in der Atmosphäre gibt, eine Menge Mäuse machen kann.

Und diese Behauptung treibt tatsächlich massenhaft Geld in die Kassen jener Umwelt-Industrien, die es verstanden haben, das Scheinwissen umzusetzen. Der Umwelt nutzt es nichts, es schadet ihr aber auch nicht, weil das Klima von da nicht wirksam beeinflusst werden kann.

Immerhin ist es eine gleichermaßen politisch geniale wie effiziente Idee durch ein Thema zunächst Affekte hochzukochen, um dann unqualifizierten Aburteilungen freien Raum zu lassen. Als modisches Problem hat es eine kleine Zeitkonstante, wird also nach einiger Zeit langweilig geworden sein und wieder dort verschwinden, woher es gekommen ist. Bis zur allgemeinen Erkenntnis der Irrelevanz dieses Problems werden verschiedene Institutionen eine Menge Geld an ihm verdient haben.

Eine wichtige Randbedingung zu vergessen oder wie im oben beschriebenen Fall zu vergewaltigen, ist eine Todsünde und kann jedes Projekt und sogar ein Land in den Abgrund führen. Der physikalisch unsinnige Hype der *Erneuerbaren Energie*, den wir oben erwähnt haben, ist so ein Fall.

Wer sich über ein Naturgesetz hinwegsetzen will, ist ein Scharlatan, ein Betrüger oder ein Narr. *Energiewende*, die Idee einer promovierten Physikerin, basierend auf der von ihr erfundenen und politisch getriggerten *Erneuerbarkeit von Energie,* ist ein unphysikalischer Nonsens, der nicht funktionieren kann und daher nicht funktionieren wird, weil er dem Ersten Hauptsatz der Thermodynamik, einer fundamentalen Aussage der Physik, widerspricht. Dieser Satz sagt, dass Energie naturgesetzlich nicht erneuerbar ist. Seit Jahrhunderten bekannt und vielfach bewiesen, muss ihn jeder Physikstudent im ersten Semester kennen, andernfalls er hochkant durchfällt.

Wer so naiv ist zu meinen, man könne der Natur irgendwo kostenlos Energie entreißen, der irrt sich, denn die Natur ist kreativ und wird sich den Aufwand gnadenlos irgendwo anders holen.

Einfache Beispiele sind der Biosprit, der ganze Landschaften ruiniert. Die Fans und Verbraucher des angeblich umweltfreundlichen Treibstoffs rührt das nicht, weil ihre lebensnahe Umwelt nicht zerstört wird.

Ähnlich ist das mit der Elektromobilität: die Schadstoffe der Batterien werden nicht vor den Häusern jener Saubermänner entsorgt, die sie benutzen und rücksichtslos damit argumentieren. Nicht ganz so schlimm ist es mit der Zerstörung norddeutscher Landschaften durch die massive Installierung riesiger Windräder.

Politiker haben gelernt, mit und von solchen Widersprüchen zu leben. Sie sind die Künstler der Euphemismen, für sie scheint alles nur ein Spiel zu sein das andere bezahlen. Auch die akzidentielle Bereitstellung von Strom aus Windkraftwerken gehört zu diesem Spiel, bei dem die *Fachleute* zudem noch auf den Transport der Zufallsenergie zum Verbraucher vergessen haben. Jetzt stehen sie vor dem Problem, über Tausende Kilometer Leitungen installieren zu müssen. Oberirdisch sichtbar oder unterirdisch unsichtbar, doch unmöglich. Eine besonders schwerwiegende Barriere.

Die Weltretter haben auf den Transport des Produkts *Strom* zum Verbraucher schlichtweg vergessen. Dieser Prozess ist anspruchsvoll und komplex.

Außerdem hatten sie nicht beachtet, dass Energie, die aus fluktuierenden, also zeitlich unverlässlichen Energieerzeugern, wie dem Wind kommt, nur selten in benötigter Menge zur Verfügung steht. Hier handelt es sich also um eine fluktuierende Randbedingung in einem Prozess, der ein ganzes Land betrifft.

Bei Windstille müssen die Energieverbraucher die fehlende Energiemenge zu Markpreisen einkaufen, von konventionellen kalorischen Kraftwerken, also aus Gas, Kohle und Öl oder von Kernkraftwerken, die zwar kein CO_2 freisetzen, aber in Deutschland aus politischen Gründen verpönt sind. Kernenergie kauft man von unsicheren Kernkraftwerken aus dem Ausland ein. Das braucht man nicht zu verraten. Von Tschechien. Russland. Rumänien. Ungarn. Es sind Randbedingungen ohne jede technische Vernunft. In solchen Zeiten werden sich die Weltretter wegducken.

Die Befreiungsversuche aus einer Situation, in die man sich ohne Not selbst begeben hatte, wirken dilettantisch. Um solche Katastrophen zu vermeiden, sollte das Prozessmanagement in wichtigen Entscheidungsprozessen das Eingreifen unqualifizierter Kräfte verhindern. Gleichgültig auf welcher Hierarchiestufe diese *Kräfte* wirken.

In [4] ist der Sachverhalt der Energiewende auf Grundschulniveau beschrieben. Auf diesem Niveau will man sie realisieren.

9.3.9 Unauffindbare Dokumente

Im Projektmanagement wird bei manchen Prozessen für die Vorbereitung der erforderlichen Dokumente und ihren Zugriff mehr Zeit verbraucht, als für die technische Realisierung des Produkts oder der Dienstleistung. Vor allem wenn jeder Bearbeiter diesen Zugriff für seinen organisatorischen Verantwortungsbereich vornimmt.

Viel Zeit wird verbraucht, wenn die relevanten Dokumente nicht aufzufinden sind und man nicht sicher ist, die richtigen gefunden zu haben. Wenn nur ein Dokument falsch zugeordnet wird, kann der Zustand von Auditoren als unkonform konstatiert ggf. der positive Bescheid verweigert und ein Nach-Audit angeordnet werden. Dann beginnt das Spiel von neuem.

Ein solches Desaster kann vermieden werden, wenn von Anfang an professionell vorgegangen wird, was aber wieder von vielen Projektmanagern bezweifelt wird. So wühlt jeder im Projekt Tätige tagelang in irgendwelchen Dokumenten. Damit entsteht ein inkonsistenter Wust mit großem Nachbesserungsaufwand und Inkonsistenzen als kostspielige Fundgrube für Auditoren, die mit dem Argument der gesetzlich vorgeschriebenen Prüfung an das Projekt herantreten.

Wenn Sie beispielsweise nicht wissen, welches Kapitel welcher Norm, welches Gesetz für welche Stelle Ihrer Geschäftsprozesse relevant ist, dann ist die Suche nach den richtigen Dokumenten nervenaufreibend und jede Entscheidung riskant. Selbst wenn die Suche nach dem Bezug erfolgreich war, so hat sie unnötig lange gedauert..

Noch mehr kostet es, wenn aus Unwissen oder Eile ein unzutreffendes Dokument zugeordnet wird und Ihnen diese Unzulänglichkeit vielleicht erst in fortgeschrittenem Projektzustand auffällt. Oder gar erst den Auditoren.

Es ist vergleichweise sehr günstig, solch teure Missstände durch eine entsprechende Vorbereitung des Systems *Prozessmodell und seine Dokumente* zu vermeiden, indem Dokumentinhalte in zutreffendem Umfang und Detaillierungsgrad den Prozesselementen zugeordnet werden, damit nicht jeder Bearbeiter an den prozessrelevanten Stellen nach den zugehörigen Dokumenten suchen und sich fragen muss, ob er immer das Richtige gefunden hat.

Eine solche Zuordnung ist technisch möglich, einfach und rentabel. Sie sollten daher keine unprofessionelle Variante voranstellen.

9.4   TS 4   Ungenutzte Ressourcen

‚Wir schaffen das!'

Die Nichtigkeit dieses Versprechens ist bemerkenswert, denn keines der drei Wörter ist definiert: was ist mit *Wir*, mit *schaffen* und mit *das* eigentlich gemeint? Es scheint völlig unwichtig gewesen zu sein, nach dem was nachher gelaufen ist.

Bevor man nichtige Sätze formuliert, sie veröffentlicht und erst recht bevor man sie zu Maximen erklärt, sollte man sich mit den Ressourcen beschäftigen, auf die sie sich beziehen. Auf dem Weg zum Ziel sollte man den Prozessablauf dorthin zugrunde legen.

Wenn Sie eine Reise planen, werden Sie zunächst die wichtigsten Orte betrachten, die Sie besuchen wollen. Wohl erst dann werden Sie den Ressourcenbedarf prüfen.

Bei einer Bergwanderung werden Sie andere Utensilien brauchen, als beim Tauchen in der Karibik oder bei einer Radtour durch Italien.

Sie werden unterschiedliche Transportmittel in Betracht ziehen müssen, die Zeitplanung wird entsprechend sein, die Versorgung mit Nahrung, Unterkünften, Medikamenten, Geld. Um nur einiges zu nennen. Der Ablauf spielt also eine maßgebliche Rolle.

Ein Projekt ist eine Reise. Zunächst sollte also sein Ablauf beschrieben werden. Das kann mit entsprechenden Werkzeugen erfolgen. Ist die Projektstruktur komplex, so muss eine Software eingesetzt werden, die imstande ist, die Komplexität der Prozesse des Projekts hinreichend detailliert aufzulösen. Das Werkzeug sollte auch die Aufnahme der Dokumente, die Beschreibung der Ressourcen, der Randbedingungen, der Schnittstellen etc. ermöglichen. Nur so wird man den Gesamtkomplex in den Griff kriegen.

9.4.1 Abschätzung des Ressourcenaufwands

Jeder Projektschritt (*Phase*) bedarf spezifischer Ressourcen: die Qualifikation des Personals, den Zeitaufwand, Unterlagen, Kommunikationsmittel, Prüfungseinrichtungen, Experimente, Dokumentation, Geld und vieles mehr.

Sie müssen ein großes Projekt in *Phasen* zerlegen, sonst werden Sie nicht durchblicken, werden sich darin verirren. Zwecks oberflächlicher Orientierung dürfen Sie dabei nicht einfach nur naive und kindliche Blöcke hinmalen, wie das die EFQM in ihren Flyern vorschlägt. Diese Dominodarstellung ist unprofessionell und wird letztlich erfolglos bleiben, was ärgerlich ist wenn sie bereits viel Arbeit hineingesteckt haben.

Sie schmeißen ja Ihre Hemden, Hosen und Strümpfe vor einer Reise auch nicht in Holzkisten, nur weil Ihnen die EFQM aus mangelnder Ablauferfahrung solche Koffer empfiehlt. Wenn Sie stattdessen gleich zu Beginn professionell vorgehen und die Prozessabläufe hinreichend genau zerlegen und beschreiben, werden Sie entsprechend den Funktionalitäten der eingesetzten Software nach dieser vorhergehenden differentiellen Zerlegung jede beliebige Struktur des Prozessablaufs erhalten können. Wenn es Sie beruhigt, auch jene der EFQM.

Bei einer differentiellen Zerlegung des Prozesses werden die Phasenübergänge scheinbar wie aus dem Nichts sichtbar: real und fassbar. Das ist wichtig, denn es sind die berühmten Schnittstellen, an denen in der Realität immer wieder Fehler passieren werden, wenn der Prozess nicht vorher ordentlich analysiert wurde. Zu den Fehlern gehören fehlende, ungeeignete oder falsche Parameter, seltener sind es falsche Parameterwerte.

Beispiel: Verschiedene Abteilungen berechnen technische Parameter und Variablen eines Kraftwerks. Eine Abteilung berechnet jene der Turbine, eine andere die Merkmale der Dampferzeuger, des Generators, der Spannungsübertragung etc. Gemeinsame Daten werden dann ausgetauscht.

Darauf zu achten, dass die Einheiten übereinstimmen, ist eine Selbstverständlichkeit. Fragen Sie aber die Datenempfänger, was sie mit den Daten vorhaben. Vielleicht setzen sie sie erst nach einer Veränderung ein, dabei können aber charakteristische Merkmale verloren gehen. Zum Beispiel durch unzulässige Mittelwertbildung. Veränderte Daten können zu völlig falschen Ergebnissen führen.

Gerade beim Vergleich von Größenordnungen können Sie Plausibilitätsbetrachtungen anstellen, über die sich Fehler im Ansatz erkennen lassen.

Hier ist schon wieder die Energiewende als Beispiel: Stimmen die Größenordnungen vom Output des Gebers mit der Größenordnung von Input des Nehmers überein? Falls nicht, dann ist nicht zu erwarten, dass das Ergebnis stimmt. Beispielsweise hat meine erste Einschätzung zu den Folgen der Energiewende ergeben, dass in Deutschland zwischen 20- bis 40-Tausend Windräder aufgestellt werden müssen, schon nur um einige Prozent des bisher konventionell erzeugten Stroms zu ersetzen. Aus der Anzahl dieser Windräder und einer anzunehmenden Verteilung ließ sich die Länge aller Stromleitungen abschätzen, der praktischen Aufwand für ihre Erstellung und der Widerstand der Bevölkerung.

Aus diesen Größenordnungen konnte man schon zu Beginn das Scheitern dieses Großversuchs erwarten.

Es lohnt sich also, vor einer detaillierten und entsprechend aufwendigen Ressourcenplanung Abschätzungen zur Größenordnung der erforderlichen Ressourcen vorzunehmen. Der Aufwand dafür ist unvergleichlich geringer, als eine Nachbesserung bereits konkret vorgenommener Aufwendungen oder gar ein Abbruch. Bei der Energiewende ist dieser Aufwand prohibitiv groß und er wird vor allem nutzlos sein, weil sich die erforderlichen Ressourcen von den realisierbaren – im wesentlichen sind das die Anzahl der Windräder und die Länge der elektrischen Verbindungen – um Größenordnungen unterscheiden.

Bei einem solchen Missgriff helfen auch die originellsten Erklärungen zu Aktionen und Ergebnissen nicht weiter.

Wenn Sie die folgenden Schritte gehen, werden Sie keine späten Überraschungen erleben:
o   Nennen Sie alle notwendigen Ressourcen, die Ihnen für Ihr Projekt einfallen und schätzen Sie deren Aufwand ab: die notwendige Erfahrung und das Wissen der Mitarbeiter, die erforderliche Energie für den Betrieb der Maschinen, Werkzeuge um die Maschinen zu warten und zu reparieren, die Eigenschaften der Rohstoffe und Maschinen um die

Rohstoffe zu bearbeiten, Software um das alles zu steuern und Geld um es zu bezahlen etc.
- Fassen Sie alle Nennungen zusammen; am besten in einer EXCEL-Tabelle.
- Lassen Sie den Aufwand für jede Nennung von jedem Organisationsbereich, der damit befasst ist, unabhängig von den anderen abschätzen. Sie werden über die Differenzen erstaunt sein.
- Fassen Sie alle Abschätzungen in einer gemeinsamen Tabelle zusammen.
- Besprechen und bewerten Sie alle Unterschiede und die möglichen Ursachen.
- Es können mehrere Durchgänge erforderlich sein, bis alle Einschätzungen und die Unterschiede abgeglichen sind.
- Lassen Sie keinen Vorschlag unter den Tisch fallen. Alle müssen einverstanden sein, wenn ein Vorschlag als überflüssig bewertet werden soll.
- Verteilen Sie das Endergebnis an alle Beteiligten.
- Lassen Sie es abzeichnen und zirkulieren. Die Teilnehmer sollen sich mit dem Projekt identifizieren. Für spätere Kritik und Diskussionen liegt damit eine handfeste Basis vor.

Mit dieser Abschätzung erhalten Sie ein sicheres Gefühl für den Umfang des Ressourceneinsatzes, den Sie im Projekt realisieren müssen.

Die Werte aus den Ressourcenabschätzungen der Teilprozesse können den Teilprozessmodellen zugeordnet werden. Denken Sie dabei über den Detaillierungsgrad der Prozessmodelle nach: für hohe spezifische Ressourcenwerte kann in ihrem Wirkungsbereich höhere Detailtreue gerechtfertigt sein.

9.4.2 Prozesskonsistenz von Ressourcen

Eine realitätsgerechte optimierte Prozessstruktur ist wie ein Reiseplan. Man braucht sie, um sich auf dem Weg zum Endergebnis, also zum Produkt des Kunden nicht in kostenzehrenden Schleifen zu verirren. Überdies kann man damit die lokale *Ressourcenkonsistenz* im Prozess prüfen, denn an allen inkonsistenten Stellen werden Ressourcen verschwendet Deshalb stellen wir Fragen folgender Art:

- Sind hier (an diesem Punkt des Prozesses) die richtigen Leute eingesetzt?
- Welche Normen sind gefordert?
- Kann man die Dokumente kürzen?
- Wird hier die richtige Software eingesetzt?
- Brauchen wir externe Hilfe?
- Müssen wir diese Phase zeitlich straffen?

o Müssen wir die Kosten in dieser Phase verringern?

9.4.3 Organisationskonsistenz von Ressourcen

Jeder anspruchsvolle Prozess braucht in erster Linie ausreichend qualifizierte Mitarbeiter, wobei sich die Anforderungen an sie spontan ändern können.

Immer wieder wird einfallslos daran erinnert, dass alle am selben Strang ziehen müssen, doch hat niemand aus der Führung je darauf hingewiesen, dass es auch dieselbe Richtung sein muss. Auf das Prozessmanagement übertragen heißt das, dass Ressourcen richtig eingesetzt werden müssen. Das ist nur möglich, wenn die Prozessmanagement-Organisation aus der Prozessstruktur abgeleitet wird (siehe Kap. 9.1).

Nur dann wird die Ressource *Organisation* optimal funktionieren und nur dann werden auch die Personalressourcen optimal eingesetzt. Dann wird es auch keinen *subjektiv ausgerichteten Ressourcenwettbewerb* geben, also keine Egoistenschlacht, den größten Ressourcenkiller, wo jeder nur darauf bedacht ist ohne Rücksicht auf das Projekt möglichst viel zu erhaschen.

Damit entfallen Überschneidungen von Bereichsverantwortungen mit den angestammten Rollen identischer Personen, die einerseits Teamleiter eines Projekts sein sollen, andererseits aber ihre Aufgaben als Führungskräfte in der Aufbauorganisation des Unternehmens wahrnehmen müssen.

Niemals war also eine klare Trennung zwischen Projekt und Linie möglich, doch erst jetzt wird das so deutlich. Die Aufgaben der Linienverantwortlichen haben sich hin zur politischen Wahrnehmung verändert, deshalb ist in modernen Betrieben die Zeit der Aufbauorganisation abgelaufen. Das Recht für die Zuteilung von Ressourcen steht ihr nicht mehr zu. Diese kann nur Aufgabe der Projektverantwortlichen sein.

9.4.4 Planung von Ressourcen

Ressourcenplanung kann nicht, wie gelegentlich behauptet, an den Unternehmenszielen ausgerichtet werden, sondern sie muss sich an den Prozessen orientieren, deren Endergebnis das *Produkt* ist. Nur dann können diese Prozesse genauer, straffer, kürzer und billiger und die Produkte besser werden.

Ressourcenplanung kann also kein eigenständiges Thema sein, denn nur wenn die Prozessstruktur bekannt ist (siehe Kap. 9.1), weiß man, welche Ressourcen wo und mit welcher Priorität in den Prozess und das Projekt eingebunden werden müssen. Prozesstransparenz ist damit auch hier eine wesentliche Bedingung des Prozessmanagements. Sonderbar, dass sich die Führung mancher Unternehmen gegen den Aufwand einer detaillierten Prozessaufnahme sträubt, denn Prozesstransparenz ist nur dadurch zu erreichen. Natürlich würden bei der Analyse Fehler gnadenlos sichtbar, aber kann das ein Argument für die Unterlassung sein? Haben wir etwas zu verbergen?

Es braucht nicht extra betont zu werden, dass ein Prozess unter präzisen Regeln ablaufen muss. Dazu müssen allerdings die Ergebnisse und die Zusammenhänge zwischen ihnen erkennbar sein, ihr Status und die Möglichkeiten der Optimierung und Standardisierung der Schritte, in denen sich die Ergebnisse qualitativ entwickeln. Aber auch die Möglichkeit eines Ausstiegs und die Konsequenzen, wenn etwas schief gelaufen ist. Ohne ein konzises Schnittstellenmanagement für die Ressourcenplanung und -verteilung funktioniert das nicht, denn andernfalls werden Ressourcen verschwendet und man weiß nicht einmal wo. Also überlegen Sie genau, was mit Ihren teuer erstandenen Ressourcen an welchen Stellen im Prozess geschehen soll.

Die Wahl des Darstellungs- und Analysewerkzeuges ist Sache von Profis mit großer Erfahrung. Nur bei genauer Kenntnis der Prozessstruktur können Konflikte im Prozess erkannt, beseitigt oder verhindert werden. Verwirrend, dass die Zusammenhänge in und zwischen Prozessen verschiedentlich in naiv einfacher Weise dargestellt werden, beispielsweise im *Excellence Model* der *EFQM*. Solche Vereinfachungen täuschen einfache und klare Beziehungen vor, die nicht existieren, und deshalb sind sie nicht nur unbrauchbar, sondern irreführend.

Zu den Ressourcen gehört in erster Linie auch die Erfahrung älterer Mitarbeiter, und so ist es unverständlich, wenn man ihre nicht Erfahrung nutzt. Japaner setzen diese Ressourcen konsequent ein.

Und bedenken Sie bei der Bewertung allen Aufwands und seiner Wirkung: *Kannst du es nicht messen, dann kannst du es vergessen!*

9.5 TS 5 Unterschätzte Prozessrisiken

Jeder Ablauf enthält das immanente Risiko des Scheiterns. Je schlechter die Kenntnis der Prozessstruktur, umso geringer die Kenntnis der Prozessrisiken und umso größer Ihr eigenes. Das sollten Sie bedenken, um nicht TS 5 zu begehen.

Risikomanagement ist der Umgang mit Risiken und damit eine Führungsaufgabe (siehe unter anderem *ISO 31000:2009*). Es umfasst sämtliche Maßnahmen zu ihrer Erkennung, Analyse, Bewertung, Überwachung und Kontrolle. In ihrem Rahmen werden die Risiken einer Organisation identifiziert, analysiert und bewertet, wozu übergeordnete Ziele, Strategien und die Politik der Organisation festzulegen sind, die sich mit dem Thema hauptamtlich befasst.

Dazu sind Kriterien festzulegen, nach denen die Risiken eingestuft und bewertet werden, die Methoden der Risikoermittlung, die Verantwortlichkeit bei Risikoentscheidungen, die Bereitstellung von Ressourcen zur Risikoabwehr, die interne und externe Kommunikation über die identifizierten Risiken, also die Berichterstattung, sowie die Qualifikation des Personals zur Beherrschung des Systems.

Risikomanagement als Teil des Prozessmanagements ist ein fortlaufender Prozess, in dem Planung, Umsetzung, Überwachung und Stabilisierung der Prozesse stattfinden.

Die Risikoanalyse wird zur Identifikation und Bewertung von Risiken eingesetzt. Im technischen Bereich ist die Probabilistische Sicherheitsanalyse die adäquate und aussagekräftige Technik. In sozialen Bereich gibt es nichts Vergleichbares. Die Güte einer Risikobewertung ist immer von der Art und Komplexität der Prozesse und von der Erfahrung mit Prozessen ähnlicher Art abhängig. Im sozialen Bereich ist sind Prozessmerkmale nicht im selben Maß vergleichbar wie in technischen Disziplinen.

Jeder Prozess enthält Risiken und manche Prozessschritte können alles zunichte machen was bis dahin aufgebaut wurde, wenn sie an Stellen des Gesamtprozesses wirken, die sich durch besondere *Bedeutung* und *Labilität* auszeichnen und dadurch kritisch sind:

Bedeutung insofern, als viele Elemente des betreffenden Unternehmensprozesses von ihrem Gelingen abhängen.

Labilität insofern, als mehrere Einflussgrößen mit unterschiedlichem Ausschlag auf den Prozess einwirken.

Damit besteht dort entsprechendes Risiko des Scheiterns.

Prozessmanagement kann Risiken nicht a priori ausschalten, aber durch die Analyse möglicher Konstellationen kann es ihre Auswirkung vermindern. Das Risiko kann vermindert werden, wenn die *Bedeutung* einer Stelle durch Diversifizierung verringert und ihre *Labilität* durch stabilisierende Maßnahmen entschärft wird. Dies bedeutet konkret, dass die Prozessstruktur an dieser Stelle aufgespaltet wird, also Verantwortungen geteilt werden und dass Kenntnisstand und Fähigkeiten der Akteure aufeinander abgestimmt werden.

Allerdings müssen erfahrene Projekt- und Prozessmanager erkannt haben, an welcher Stelle des Projektes dies erforderlich ist.

Ungeprüfte und fehlerhafte Zeitpläne, eine Inflation sinnloser Anforderungen von der Normenfront unter angeblicher Verbesserung der Qualitätssituation, Mitarbeiterfluktuationen aufgrund von Desinteresse und Überdruss können zu einer Verschärfung der Prozess- und Projektsituation führen und damit zum expliziten Risiko werden.

Der Mensch strebt nach Kontrolle und Sicherheit, wobei sich intuitives Fühlen und rationales Denken erheblich unterscheiden und zum Teil ausgrenzen. Eine intuitiv gesteuerte Reaktion erfolgt dabei schnell und bewusst und wird nicht willentlich gesteuert. Bei der Einschätzung von Relevanz und Wahrscheinlichkeit eines Risikos spielen psychologische Aspekte eine bedeutende Rolle, die Risikowahrnehmung ist abhängig von persönlichen Erfahrungen, Erziehung, Moralvorstellung und Bildungshintergrund. Die intuitive subjektive Risikowahrnehmung ist daher ein wichtiges Forschungsgebiet der Psychologie. Ihre Ziele sind die Erklärung und Bewertung unterschiedlicher Auffassungen von Risiken, insbesondere von Umwelt- und Gesundheitsrisiken.

Die rationale und objektive Risikoeinschätzung im Einflussbereich einer Firma oder eines Landes braucht nüchterne Überlegung und ist die Grundlage von Prozessmanagement.

9.5.1 Objektive Risiken

Das Spektrum von Risiken erstreckt sich über unzählige Varianten von Gefahrenmomenten, dazu gehören auch solche auf die man nur geringen oder gar keinen Einfluss hat.

Beispielsweise die *Höhere Gewalt*: Erdbeben, Vulkanausbruch, Tsunami, Überschwemmung, Brand, Sturm, Epidemie. Sie alle sind objektive Risiken. Die Frage ist ob und wie Prozessmanagement gegen solche Einflüsse wirksam sein kann. Tatsächlich gibt es Methoden und Werkzeuge des Prozessmanagements, die dem Einfluss höherer Gewalt etwas von seiner Schärfe nehmen können, beispielsweise indem sie die Wirkung in Simulationen antizipieren. Je seltener und damit lückenhafter die statistischen Erfahrungen aus solchen Vorkommnissen allerdings sind, umso unzuverlässiger werden auch die Aussagen von Modellen sein, mit denen die Wirkung bewertet wird.

Beispiele sind die Explosion der Bohrplattform Piper Alpha, der Unfall von Fukushima, der Absturz der Germanwings und der Wuppertaler Schwebebahn.

Was geschehen konnte geschah und latente Gefahrenmomente mündeten jeweils in spezifischen Katastrophen.

Von anderer Art und anderer Zeitkonstante sind Unternehmensrisiken, Risiken des nationalen und internationalen Finanzsystems, Risiken der Versicherungswirtschaft u. ä. Wo aber liegen die Ursachen wofür? Sie liegen in der Art der Kopplung der Agenten. In manchen Fällen sind es Minuten oder Sekunden, in anderen Fällen Tage oder Monate.

9.5.2 Gemischte und fiktive Risiken

Beispiel: Medizinische Risiken auf Behandlungsfehler reduzieren zu wollen, die ausschließlich bewirkt werden durch das Prozessmanagement in einem Krankenhaus oder durch Fertigungsfehler irgendwo in der Arzneimittelindustrie, würde ein ungeheuer komplexes Problem unzulässig vereinfachen. Feststellen zu wollen, wo der eigentliche Grund des Problems oder zumindest sein Schwerpunkt waren und woran der Patient dann wirklich gestorben ist, dürfte wohl eine über längere Zeit hindurch unlösbare Aufgabe bleiben.

Die Zerlegung in Teil-Risken ist nur dann ein brauchbarer Ansatz für die Abschätzung des Gesamtrisikos, wenn der Zusammenhang zwischen den Prozessteilen und ihre Verknüpfungen professionell erfasst werden. Im anderen Fall kann der Einfluss ihrer Interaktionen nicht bewertet werden.

Im Gegensatz zu gefühlten Werten haben gemessene Werte Bestand. Sie ändern sich nicht, solange Messungen und Theorie nicht andere Zusammenhänge zutage fördern, beispielsweise eine Messungenauigkeit.

Obwohl sie Bestand haben bedeutet das nicht, dass beim Umgang mit Messwerten und Industrieobjekten subjektive Einflussfaktoren keine Rolle spielen, zumal alle Prozesse von potentiell fehlerhaft wirkenden Akteuren, nämlich Menschen, gestaltet und gesteuert werden. Man denke nur an den Umgang mit Autos. Zu allen Risikoelementen gehören immer menschliche Unzulänglichkeiten und Fehler.

Genau genommen sind die Ursachen aller komplexen Probleme immer menschlicher Natur. Es ist daher merkwürdig, wenn immer wieder in Nachrichten berichtet wird, dass es *vermutlich menschliches Versagen* war, wenn eine technische Katastrophe passierte. Natürlich war es das, denn Naturgesetze versagen nicht, und wenn ein Bauteil versagt, dann war es auch menschliches Versagen, denn dann waren die Auslegung oder die Einsatzanforderungen falsch. Wenn jemand mit seiner Karre gegen einen Baum fährt, dann war das offensichtlich menschliches Versagen, wenn jemand die falsche Autobahneinfahrt nimmt, kann die Beschilderung ein entscheidender Einflussfaktor gewesen sein, aber auch dieser Umstand war die Folge menschlichen Versagens. Auch wenn gefährliche Stellen besiedelt werden und die Natur dort zuschlägt, war es menschliche Fehleinschätzung und damit menschliches Versagen.

Versuchen wir die beiden Einflussfaktoren zu trennen. Maschinen sind das Ergebnis menschlicher Erfindungskunst, Auslegung, Fertigung, Prüfung und Wartung. Ihr Versagen kann – trotz der vorhin akademisch dargestellten Einflüsse – relativ genau und objektiv bewertet werden. Für Maschinenfehler können wohldefinierte statistische Werte angegeben werden, für die Häufigkeit von Triebwerksausfällen bei Flugzeugen, für Brände in Raffinerien oder Motorausfälle bei Autos. Die menschliche Wahrnehmung solcher Vorgänge wird sich oft stark von den objektiven Fakten unterscheiden, weil die menschliche Bewertung der Risiken eine große Rolle spielt. Sie sind nicht in gleicher Weise quantifizierbar wie technische Risiken.

Beispielsweise sind die Fliegerei und erst recht das Autofahren objektiv gefährlicher als die Kernenergie, doch wurde diese in Deutschland gezielt politisch stigmatisiert. Durch den Tsunami in Fukushima waren über 15.000 Menschen gestorben, aus den Nachrichten über die Katastrophe in Japan aber war der Eindruck entstanden, dass die meisten Toten durch die Zerstörung der Reaktoren zu beklagen waren. Und waren sie nicht sofort tot – nachweislich war es ja kein einziger – dann würden sie wohl in den nächsten Jahren an der *Verstrahlung* sterben. Sicherlich in den nächsten Jahrzehnten.

Der Druck auf die japanischen Behörden wurde so groß, dass sie sich gezwungen sahen, selbst alte Menschen in eine lebensunwürdige Situation umzusiedeln. Trotz des Hinweises von Strahlenexperten, dass in manchen Gegenden der Erde die Dosisleistung der natürlichen Hintergrundstrahlung stärker ist, als die Strahlung in Fukushima und Umgebung nach dem Unfall.

Insbesondere ist die Angst der Deutschen vor solchen Vorkommnissen so groß, dass sie 2011 Japaner über einen Kontinent hinweg vor der aufkommenden Strahlengefahr warnten und ihnen verschiedentlich rieten, doch mehr Angst zu haben und nach Möglichkeit auszuwandern. Selbst die Evakuierung von Tokyo war in Deutschland im Gespräch gewesen, was natürlich völliger Unsinn war. Eine Abordnung des Technischen Hilfswerks, die zur Hilfestellung angereist war, hatte unmittelbar nach der Ankunft in Tokyo wieder fluchtartig das Land verlassen.

Jede Art von Ereignis erfährt also objektive und subjektive Bewertungen, die sich stark unterscheiden können. Selbst Ergebnisse einer objektiven Risikobestimmung auf Basis messbarer Risikomerkmale, fundierter Studien und qualifizierter Theorien werden subjektiv unterschiedlich wahrgenommen.

Man denke an das Autofahren und an den Begriff der *Gefühlten Temperaturen*, wie sie vom Wetterbericht der Rundfunkanstalten mitgeteilt werden. Sie werden und sollen sich drastisch von den gemessenen unterscheiden, um dem Bürger die Ernsthaftigkeit seiner Lage näherzubringen. Es fehlte nur noch, dass die Nachrichten irgendwann von *Objektiv Gefühlten Temperaturen* sprächen, um den Menschen zu vermitteln, was sie zu fühlen hätten.

Eine Risikolage wird niemals in ihrer Gesamtheit objektiv bewertet werden. Folglich werden auch technische Maßnahmen zu ihrer zukünftigen

Verhinderung je nach subjektiver und damit auch politischer Bewertung opportunistisch und sogar tagesabhängig ausfallen können.

Technisches Versagen wird man leichter im Griff haben, als Vandalismus, Sabotage oder Terrorismus, in denen Gesetzlosigkeit und Hass die Emotionen steuern. Solche Risiken sind diffus und werden panikartig wahrgenommen.

Ob man Datenmanipulation zur Höheren Gewalt zählt und ob man ihr auch subjektive Einflüsse zuordnet, ist Geschmackssache und gleichgültig, da solche Zuordnungen nicht wirklich weiterhelfen.

9.5.3   Erkennen und Entdecken von Risiken

Prozessrisiken können unerkannt, auch unentdeckt bleiben, oder in ihrer Wirkung falsch bewertet werden. Vermutungen helfen nicht weiter, sie machen die Situation noch unübersichtlicher. Es ist daher sinnvoll und wirksam, das Prozessgefüge eines Projekts so transparent wie möglich darzustellen und es auf dieser Basis zu analysieren. (siehe Kap. 9.7 Deutsche Telekom)

Letztlich sind es immer Ungenauigkeit in der Beobachtung, eine ungenaue oder gar falsche Einschätzung, unzulässige Priorisierung, Unaufmerksamkeit, Fahrlässigkeit, Bedienungsfehler, Vergessen, Angst, Gleichgültigkeit. Immer aber sind es Fehler von Menschen, niemals der Naturgesetze. Gleichgültig also, wohin Sie die Fehler einordnen möchten und aus welchem Grund auch immer, subjektive Irrtümer werden immer Risikoquellen ersten Ranges sein, und immer sind es die einzigen.

Geübten Prozessmanagern wird schon anhand der Prozessstruktur klar sein, wohin der Hase läuft, wohin sie ihr Augenmerk lenken müssen, wie einem geübten Autofahrer in der Stadt oder im dichten Verkehr auf der Autobahn. In großen Unternehmen können riskante Stellen oder Varianten leicht übersehen werden. Wenn man solcherart Analysen häufig durchgeführt hat, wundert man sich gelegentlich über den wirren Ablauf von Besprechungen. Er deutet darauf hin, dass die Leute nicht wissen, worüber sie reden. Dass es ihnen vielleicht auch egal ist.

Beispiel: Achten Sie auf den Wortlaut der Berichterstattung der FAZ zur geplanten Übernahme der One-2-One durch die Deutsche Telekom: Kap. 9.7.

9.6   TS 6   Missachtung der Kundenforderungen

Ein *Kunde* (*customer, client*) ist eine Person, ein Unternehmen oder eine Organisation (Wirtschaftssubjekt), die ein Geschäft mit einer anderen Partei abschließt. Dieser Kunde ist insofern wichtig weil er zahlt, und deshalb hat er das Recht gut behandelt zu werden. Dazu gehört insbesondere, dass man ihm zuhört. Das ist bei vielen Kundengesprächen nicht der Fall. Genau genommen bei den meisten.

Ob Kauf, Miete, Leasing, Dienstleistung. Der Kunde wird in einem Produktions- oder Transaktionsprozess immer als betriebsexterner oder betriebsinterner Kunde auftreten, die Gegenrechnung für eine Leistung erfolgt immer in Geld oder als Tauschgeschäft.

Unter seinen Forderungen, den *Kundenforderungen* versteht man die von ihm artikulierten Bedingungen an ein Produkt oder eine Dienstleistung. Bedingungen sind Merkmale. Merkmale des Produkts. Eine Dienstleistung ist auch ein Produkt, nämlich die Veränderung der Merkmale eines Produkts, z. B. der Haarschnitt.

Nur wenn man sich seiner Sache nicht sicher ist, behauptet man der *Kunde sei König*, denn in Wirklichkeit ist er ein wichtiger Partner. Nicht einmal der Wichtigste.

Der Begriff *Kunden(an)forderung* wird gelegentlich auch im Zusammenhang mit *Bestellungen nach Kundenwunsch* bzw. für eine *kundenauftragsbezogene Fertigung* verwendet. Im Gegensatz zum Kundenwunsch stellt eine Kundenanforderung in der Regel klare Bedingungen, die erfüllt sein müssen, damit ein Geschäft zwischen dem Kunden und dem Lieferanten Bestand hat. Nur bei hinreichender Erfüllung aller Bedingungen kann Kundenzufriedenheit erwartet werden. Kunden geben ihre Forderungen in Merkmalen, den *Parametern der Objekte des Geschäfts* an.

Wie wichtig ist eigentlich die Erfüllung dieser Parameter. Wie genau müssen sie angegeben und wie exakt müssen sie eingehalten werden? Machen wir uns dazu wirklich immer ernsthafte Gedanken?

Wir sollten uns das vielleicht an den nachfolgenden einfachen Beispielen klar machen:

Einfaches Produkt

Beispiel: Schuhkauf. Parameter (Kundenwunsch, -forderung): Schuhe mit Gummisohle, hoher Schaft, Farbe Braun. Welcher Kunde verzichtet freiwillig auf die Übereinstimmung in einem dieser Parameter? Kauft er beispielsweise Halbschuhe anstatt solche mit hohem Schaft, nur weil diese nicht verfügbar sind?

Komplexere Produkte und Dienstleistungen

Beispiel: Auto. Das Beispiel ‚Auto' kommt immer gut an: Welcher deutsche Autofahrer kauft einen Diesel, wenn er einen Benziner möchte oder umgekehrt? Nimmt er ein Schaltgetriebe, wenn er Automatik haben möchte? Daran können Sie die Wichtigkeit von Merkmalen erkennen.

Beispiel: Verspätung. Können Sie sich vorstellen, wie verärgert der Eigentümer eines Kraftwerks ist, wenn er mit einem Stillstandstag eine Million Euro verliert, nur weil ein Dokument nicht rechtzeitig eintrifft oder falsch ist und damit eine fundamentale Forderung eines Gutachters nicht erfüllt ist.

Wechselnde Kundenforderungen sind die Grundlage für Abläufe in einem Markt, in dem Angebot und Nachfrage den Preis steuern. Sie bedingen eine flexible Veränderung des Spektrums der anbietenden Unternehmen, um aktuelle Kundenbedürfnisse zu befriedigen und die Kundenbindung zu sichern.

Mit der Analyse von Kundenwünschen hat Noriaki Kano entdeckt, dass Kundenanforderungen unterschiedlicher Art sein können, was zwar nicht überrascht, sich aber mit dem knackigen Namen gut verkauft. Im *Kano-Modell* werden sie in *Basisanforderungen*, *Leistungsanforderungen* und *Begeisterungsanforderungen* unterteilt und quantitativ erfasst, um dann bei der Produktentwicklung entsprechend berücksichtigt zu werden. Zähmen Sie Ihre Begeisterung. Die Analyse funktioniert auch ohne dieses Modell.

Die Korrelation der Merkmale von Kundenanforderungen mit den Qualitätsmerkmalen der Produkte und Dienstleistungen ist natürlich ein wichtiger Maßstab. Sie kann mit Hilfe des im Qualitätsmanagement häufig verwendeten *Quality Function Deployments* dargestellt und quantifiziert werden.

Zur Ermittlung der Kundenanforderungen im anonymen Markt werden Instrumente der Marktforschung verwendet: persönliche, schriftliche und telefonische Befragung. Im bekannten Kundenkreis werden eher personalisierte Kundenbefragungen und Kundenzufriedenheitsanalysen eingesetzt.

In sicherheitskritischen Industrien wie der Kraftwerk-, Luftfahrt-, Automobil- und Lebensmittelindustrie sind die Kundenanforderungen in Anforderungslisten beschrieben. Solche Listen werden direkt vom Kunden an den Lieferanten weitergegeben. Ihre Stringenz, Klarheit und Verbindlichkeit überschreiten nicht selten die gesetzlichen Anforderungen und die Inhalte von Zertifizierungsnormen und stellen damit die in den Regeln des Qualitätsmanagements der Unternehmen tatsächlich berücksichtigten Normen dar.

Die deutsche Kernkraftwerksindustrie hat derart hohe Anforderungen, dass die Standardnormen vergleichsweise oberflächlich anmuten. Das ist unter anderem der Grund, warum in vielen Betriebsjahren kein einziger tödlicher Unfall geschehen ist. Viele sogenannte *Gefahrenmeldungen*, die durch die Presse getrieben werden, lassen politische Zwecke vermuten.

Statt endlose ermüdende interne Besprechungen abzuhalten, die sich unter dem Motto *Wir werden beim Kunden schon ein Problem für unsere Lösungsansätze entdecken* auf die Fähigkeiten der eigenen Firma konzentrieren, sollte man den Kunden gleich und direkt nach seinen Wünschen und Vorstellungen befragen. Damit kann man unnötige Arbeit vermeiden.

Nach bilateralen Gesprächen mit dem Kunden sollten alle Gesprächsteilnehmer unabhängig voneinander eine Parameterliste mit seinen Wünschen anfertigen, dann alle Listen zusammenfügen und dem Kunden diese Gesamtliste vorlegen, mit der Bitte um Prioritätenangaben (z. B. 0 für *nicht erforderlich*, 10 *unabdingbar*).

Es gibt verschiedene Möglichkeiten solche Listen auszuwerten. Wichtig ist aber nicht nur, dass sie ausgewertet werden, sondern dass man sich auch daran hält und nicht wieder intern zweifelt und orakelt. Das würde später eine Menge Geld kosten, denn ohne eine qualifizierte und verbindliche Umfrage blieben die Kundenforderungen verborgen, uneinheitlich definiert, nicht analysiert, und mit solchen Vermutungen würde weitergemacht, bis der Kunde verärgert wäre, weil er sich nicht beachtet und verstanden fühlte.

Jeder Kunde liebt die Transparenz der Prozesse, soweit sie ihn betreffen, und darauf sollten alle Hersteller und Dienstleister achten.

Ohne die genaue Kenntnis der Kundenforderungen werden auch die eigenen Ziele falsch oder zumindest ungenau definiert, womit das Hersteller- und Lieferantenschicksal seinen Lauf nimmt.

9.7 TS 7 Unkenntnis der Situation

Wir haben noch eine Todsünde auf Lager, nämlich die Unkenntnis der Situation gepaart mit der Einschätzung, man hätte alles im Griff. Eine solche Arroganz ist immer das Ende eines Projekts oder sogar einer Firma.

Wenn Sie Organisationen integrieren, Firmen kaufen, Abteilungen verbinden, neue Zuordnungen treffen oder an der technischen Zentralstelle Ihres Konzepts herumschrauben wollen, sollten Sie schon vorher die Wirkungen Ihres Vorhabens kennen, sonst werden Sie Schiffbruch erleiden und das bei jeder dieser hier angeführten Varianten in spezifischer Form.

Die hier präsentierten Informationen zur Telekom waren allgemein zugänglich, jeder konnte sie analysieren, sich Gedanken darüber machen, sie diskutieren. Die Zeitungen waren voll davon, doch die Telekom-Protagonisten taten das offenbar nicht. Sie waren mit sich selbst zufrieden. Fragen Sie mich nicht weshalb. Aus eigener Erfahrung meine ich, dass es ein Konglomerat aus Selbstüberschätzung, Dummheit und Faulheit war, und eine solche Konstellation ist fast immer verheerend.

Das Manager Magazin schrieb am 06. August 1999 von der Übernahme der One-2-One durch die Telekom das Folgende:

http://www.manager-magazin.de/finanzen/artikel/a-34177.html

> Ron Sommer kauft sich beim britischen Mobilfunk ein und wird den Provider One-2-One für 6,7 Milliarden Pfund plus 200 Millionen Pfund Schulden übernehmen. Langes Handeln sparte ihm einige Hundert Millionen Pfund.

Für die Journalisten des **Manager Magazins** schien alles in Butter. So schrieb die Presse:

> Bonn - Der britische Mobilfunkanbieter war schon länger am Markt. In den vergangenen fünf Monaten gehörten mit Bell Atlantic und SBC Communications vor allem US-Telefonkonzerne zu den Bietern.
>
> Auch Mannesmann hatte sich für One-2-One interessiert. Die Düsseldorfer stiegen aber im Juli aus, weil der Preis zu hoch erschien. Daß die Telekom letztlich als Käufer übrigbleibt, war bereits Ende Juli spekuliert worden. Damals lag das Gebot der Telekom Berichten zufolge noch deutlich höher, nämlich bei 7,5 Milliarden Pfund.
>
> Das lange Handeln scheint sich also für die Bonner gelohnt zu haben. Ursprünglich wollten die Verkäufer, der britische Telekom-Konzern Cable&Wireless und die seit kurzem zum US-Anbieter AT&T gehörende MediaOne, mit dem Verkauf sogar rund elf Millionen Pfund erlösen. Aktuell zahlt Ron Sommer nur etwa 70 Prozent inklusive Schulden.
>
> Damit verbleiben bei One-2-One Verbindlichkeiten von 1,5 Milliarden Pfund. Die Verkäufer Cable&Wireless und MediaOne halten derzeit je 50 Prozent an One-2-One.
>
> Die Transaktion steht unter Vorbehalt der Zustimmung des Aufsichtsrats der Deutschen Telekom sowie der Zustimmung der Wettbewerbsaufsicht der Europäischen Union.
>
> Der deutsche Marktführer werde damit seine Position in einem der wichtigsten europäischen Märkte deutlich ausbauen, betonte Vorstandsvorsitzender Sommer.
>
> Es sei „eine Akquisition von zentraler Bedeutung für die Deutsche Telekom". Sie erfülle zwei der Kernanforderungen der Wachstumsstrategie des Unternehmens: Expansion des Mobilfunkgeschäfts in Europa sowie das Gewinnen einer starken Präsenz und einer soliden Wachstumsbasis im wichtigen britischen Markt.

So die weitsichtigen Journalisten. Dann gingen drei Jahre ins Land.

Als der Mathematiker Ron Sommer den Zusammenbau verschiedener Firmen plante – dazu gehörten die Deutsche Telekom, Vodafone, Orange und vor allem One-2-One –, kaufte ich mir einige Wochen hindurch die FAZ, denn was sich da anbahnte, schien spannend zu werden. Ob Mr. Sommer alles wusste, was die Zeitungen schrieben? Ich wollte mir einen besseren Überblick verschaffen, als mein Mathe-Kollege Ron, denn immerhin hatten wir in Wien am selben Institut bei denselben Professoren studiert.

Die Sache war recht unübersichtlich. Lesen Sie und versuchen Sie zu verstehen. Die Journalisten der FAZ hatten es versucht, zumindest war bei mir der Eindruck entstanden:

Telekom erwirbt Mobilfunkgesellschaft One-2-One (FAZ Nr. 181 /Seite 11)

Die Deutsche Telekom AG ist ihrem Ziel, ein führender europäischer Mobilfunkbetreiber zu werden, ein großes Stück näher gekommen. Das Unternehmen kündigte den Kauf der britischen Mobilfunkgesellschaft One-2-One an. Für 100 Prozent der Aktien zahlt die Telekom 6,7 Milliarden Pfund (19,6 Milliarden DM). Damit werden die 20,7 Milliarden DM Erlös aus dem zweiten Börsengang im Juni fast vollständig aufgezehrt.

Um One-2-One hatte es seit Monaten ein Ringen zwischen verschiedenen Interessenten gegeben ..., die britische Telefongesellschaft Cable & Wireless und die amerikanische Gruppe Media One, hatten zunächst 11 Milliarden Pfund gefordert. Deswegen hatten sich mehrere Interessenten, zeitweise auch die Telekom, zurückgezogen. One-2-One ist mit 16 Prozent Marktanteil der viertgrößte Mobilfunkbetreiber in Großbritannien. Das 1993 gegründete Unternehmen hat für sein digitales Netz nach dem GSM-1800-Standard 2,65 Millionen Kunden gewonnen. Allein im zweiten Quartal 1999 kamen mehr als 400000 neue Mobilfunkteilnehmer dazu. Das Unternehmen gelte als Pionier bei neuen Preiskonzepten, wie beispielsweise vorausbezahlten Karten, teilte die Telekom mit. Im Geschäftsjahr 1998/1999 (31. März) erzielte One-2-One bei einem um 42 Prozent auf 781 Millionen Pfund erhöhten Umsatz ein Ergebnis vor Steuern, Zinsen, Abschreibungen und Amortisationen von 112 Millionen Pfund. Im Vorjahr war ein Verlust von 39 Millionen Pfund angefallen.

Ron Sommer, Vorstandsvorsitzender der Deutschen Telekom, sprach von einem attraktiven Netzbetreiber mit einem starken Markennamen und einem erheblichen Wachstumspotential. Die Telekom stärke ihre Präsenz in Großbritannien, einem der wichtigsten Märkte in Europa. Die Partner könnten gegenseitig von ihren Marketingerfahrungen profitieren. Synergien ergäben sich auch bei technischen Lösungen, beispielsweise bei der

Einführung der neuen Mobilfunkgeneration UMTS. Die Telekom steigerte mit dem Zukauf, der noch von der EU genehmigt werden muß, die Zahl ihrer Mobilfunkkunden in Europa auf rund 12 Millionen Dollar. Damit liegt sie nach Telecom Italia und Mannesmann / Omnitel auf Rang drei. Die Telekom-Tochter T-Mobil ist mit 7,4 Millionen Kunden Deutschlands größter Anbieter beim Funktelefon. T-Mobil erreicht 1998 einen Umsatz von 7,5 Milliarden DM, ist bislang aber nicht so ertragreich wie der Konkurrent Mannesmann.

Die Telekom übernimmt 200 Millionen Pfund Verbindlichkeiten von One-2-One. 1,5 Milliarden Pfund Schulden verbleiben bei dem britischen Unternehmen. Die Telekom ist bisher mit kleineren Engagements in Großbritannien vertreten. Die 1998 gegründete Metro Holdings, ein Gemeinschaftsunternehmen mit der englischen Gesellschaft Energis und France Télécom baut Glasfasernetze in London, Manchester, Birmingham, Leeds und Bristol auf. Außerdem ist die Telekom indirekt an Eurobell, einem Regionalanbieter in Südengland.

Nach wochenlangen Verhandlungen war der Kaufvertrag für One-2-One in der Nacht zum Freitag unterschrieben worden. Der Preis bewege sich im Rahmen der derzeit für Telekommunikations-Unternehmens gezahlten Beträge, sagte Telekom-Sprecher Jürgen Kindervater. Mit ihren Mobilfunk-Beteiligungen in Österreich, Italien, Ungarn, Polen, Tschechien und nun in Großbritannien sieht sich die Telekom in einer guten Ausgangsposition. Sommer hatte mehrfach betont, die Telekom wolle zu einer europäischen Mobilfunk-Gesellschaft werden. Dieses Ziel sollte ursprünglich durch die im Mai gescheiterte Fusion mit Telecom Italia verwirklicht werden. Ein grenzüberschreitender Mobilfunkbetreiber könne in der Zukunft einen einheitlichen Preis in ganz Europa anbieten, heißt es. Die Telekom will die weitere Internationalisierung nicht auf Europa beschränken. Der Markt der Vereinigten Staaten beinhalte für das Unternehmen das höchste Potential, hatte Sommer kürzlich gesagt. Sommer sieht in den Geschäftsfeldern Internet, Systemkunden und Multimedia Wachstumsbereiche, in den die Telekom durch Fusionen und Zukäufe expandieren muß. Die frühere Auslandsstrategie hat Sommer geändert. Er setzt jetzt vornehmlich auf Mehrheitsbeteiligungen. Dass die Telekom nach dem großen Brocken One-2-One die finanzielle Kraft für weitere Akquisitionen fehle, bestritt Kindervater. Er verwies auf den hohen Mittelzufluß des Unternehmens. Neues Geld soll der Verkauf des Fernsehkabelnetzes in die Kasse bringen. Die Telekom hat die Angebotsfrist um eine Woche bis zum 20. August 1999 verlängert.

Das war der Einstieg, und in dieser Komplexität und Wirrnis ging es weiter, als ob in jeder Richtung die Anzahl und die Menge das allein Seligmachende waren. Doch konnte keiner der Beteiligten die Richtung angeben.

Telekom setzt auf die Wachstumsraten im europäischen Mobilfunk (FAZ 181, S. 16)

Mit der Übernahme der One-2-One stärkt die Deutsche Telekom AG ihre Position auf dem europäischen Mobilfunkmarkt. Sie betreut nach dieser Übernahme rund 12 Millionen europäische Kunden. Neben der Beteiligung in Großbritannien ist der Konzern noch in Österreich, Tschechien, Ungarn und Polen im Mobilfunkgeschäft aktiv. Gemessen an den Teilnehmerzahlen schließt die Telekom mit der Übernahme von One-2-One zum Mannesmann-Konzern auf, der europaweit heute mehr als 15 Millionen Kunden im Mobilfunkgeschäft betreut. Auf dem Spitzenplatz in Europa liegt die Mobilfunk-Tochtergesellschaft TIM der Telecom Italia mit weit mehr als 16 Millionen Kunden.

Für eine Übernahme von One-2-One hatten sich neben der Deutschen Telekom auch die Mannesmann AG und die France Télécom interessiert. Sowohl der Düsseldorfer Konzern als auch der ehemalige französische Monopolist hatten sich allerdings im Bieterverfahren zurückgezogen, da ihnen der Kaufpreis überhöht erschien. Media One und Cable&Wireless, die Muttergesellschaften von One-2-One hatten nach inoffiziellen Angaben zunächst 11 Milliarden Pfund für den Mobilfunkanbieter gefordert.

Die Deutsche Telekom baut mit diesem Schritt ihre Position in einem hart umkämpften Segment des europäischen Telekommunikationsmarktes aus. Marktforscher der britischen IDC rechnen damit, daß sich das Marktvolumen, das für das Jahr 1998 mit rund 40 Milliarden Dollar angegeben wird, bis zum Jahr 2003 auf rund 84 Milliarden Dollar verdoppeln wird. Dies entspräche nach IDC-Angaben einer durchschnittlichen Wachstumsrate von 11 Prozent jährlich.

Möglich werden diese Steigerungsraten dadurch, daß viele der großen europäischen Mobilfunkmärkte erst eine Durchdringung zwischen 20 und 30 Prozent aufweisen. So weist der britische Markt derzeit eine Durchdringung von 27 Prozent auf. In Deutschland hingegen sind es erst rund 20 Prozent. Im Vergleich dazu liegen beispielsweise diese Penetrationsraten in den skandinavischen Ländern sehr viel höher. So erreicht Finnland einen Wert von 60 Prozent, und in Schweden telefonieren 53 Prozent der Bevölkerung mobil. Auch Italien liegt mit einer Penetrationsrate von 37 Prozent weit über dem Europäischen Durchschnitt.

Darüber hinaus gehen die Branchenfachleute davon aus, daß sich immer mehr Kommunikationsaufkommen vom Festnetz in die Mobilfunknetze verlagern wird. So geht beispielsweise die Münchner Plica Marktforschung davon aus, daß sich der Anteil des Mobilfunks am Umsatz mit Telekommunikationsdienstleistungen in Deutschland von derzeit 23 Prozent auf rund 30 Prozent schon im Jahr 2001 steigern wird. Auch die IDC rechnet mit einer solchen Verschiebung der Umsatzanteile und geht zusätzlich davon aus, daß eine stärkere Nutzung von mobilen Datendiensten und die fortschreitende Konvergenz der Kommunikationsmittel bis zum Jahr 2003 das prognostizierte Umsatzwachstum ergibt.

Hinzu kommt, daß die Margen im Mobilfunk heute noch sehr viel attraktiver sind als diejenigen, die derzeit im Festnetz erreicht werden können. Vor allem in Deutschland, wo die Deutsche Telekom noch immer 93 Prozent ihres Umsatzes macht, sind die Margen im Festnetz im vergangenen Jahr völlig eingebrochen. Dies gilt jedoch nicht nur für die Telekom, sondern auch für ihre Wettbewerber im deutschen Markt. Auch aus diesem Grund gilt bei vielen Branchenkennern der Mobilfunk als das derzeit attraktivere Geschäft in der Telekommunikationsbranche.

Mit der Stärkung der strategischen Ausrichtung auf den Mobilfunk setzt die Telekom einen Akzent, der schon in den vergangenen Monaten zu erkennen war. Zunächst wurde die Beteiligung an der Österreichischen Maxmobil von 25 auf 81 Prozent erhöht. Bis zum Jahresende soll die Beteiligung dann auf 100 Prozent ausgebaut werden.

Auch wenn sich die Telekom durch den Zukauf von One-2-One im europäischen Mobilfunk nun besser positioniert hat, gehen Fachleute davon aus, daß das erklärte Ziel des Unternehmens, die Internationalisierung voranzutreiben, noch weitere Zukäufe oder eine Fusion in der Kommenden Zeit erfordert. Allein die stärkere Konzentration auf den Mobilfunk und das Online-Geschäft könne die schwindenden Margen im heimischen Festnetz nicht lange wettmachen, heißt es in der Branche.

Es war eine Reihe von Vermutungen, die durch nichts begründet waren. Vielmehr wurden fiktive Kundenzahlen und ebenso fiktive Märkte als Argumente herangezogen.

One-2-One ist der aggressivste britische Anbieter

Das hohe Tempo, mit dem der britische Mobilfunkmarkt wächst, zieht begehrliche Blicke von kontinentaleuropäischen und amerikanischen Telekommunikationsunternehmen auf sich, die ihre Geschäfte globalisieren. Die vier britischen Unternehmen Vodafon-Air Touch, Orange, BT Cellnet und One-2-One teilen unter sich den Markt in Großbritannien auf. Im zweiten Quartal dieses Jahres haben die vier Anbieter netto 1,9 Millionen neue Kunden akquirieren können. Vodafone erhöhte die Zahl der Kunden um 587000 auf 6,2 Millionen und BT Cellnet um 501000 auf 5 Millionen. Beide konnten jeweils mehr als ein Drittel aller neuen Mobilfunkkunden für sich gewinnen. Die Kundenzahl von Orange stieg um 430000 auf knapp 3 Millionen und die von One-2-One um 401000 auf 2,65 Millionen.

One-2-One ist zwar das kleinste unter den britischen Mobilfunkunternehmen, gilt aber als die am schnellsten wachsende und aggressivste Gesellschaft. Vor allem das sog. Pre-Paid-Service, bei dem der Kunde eine Summe einzahlt und das Guthaben abtelefoniert, hat sich zu einem rapide wachsenden Geschäft entwickelt. 75 Prozent der neuen Kunden im vergangenen Jahr haben diesen Service genutzt. Etwa 28 Prozent der Briten sind als Mobilfunkkunden bereits gewonnen worden, bis zum Jahresende erwarten Beobachter einen Anteil von 35 Prozent.

In diesem Massenmarkt liegt nach Ansicht von Beobachtern die Stärke von One-2-One. Allerdings ist dies ein hart umkämpfter Markt; weitere Preissenkungen werden erwartet. Der Druck auf die Margen ist hoch. One-2-One erwirtschaftet keine Gewinne. Das Wettbewerbsklima dürfte noch um einige Grade rauer werden, wenn im Rahmen der Vergabe der Lizenzen für die sogenannte dritte Generation im Mobilfunk ein fünfter Anbieter Zutritt zum Mobilfunkmarkt erhält. Die Aufsichtsbehörde in Großbritannien hat die Bereitschaft dazu signalisiert.

Der Zutritt zum britischen Markt über Akquisitionen dürfte sich nun für ausländische Anbieter durchaus schwieriger gestalten, nachdem die Deutsche Telekom den Zuschlag für One-2-One erhalten hat. Auf One-2-One hatte sich das Interesse mehrerer ausländischer Anbieter konzentriert, nachdem die Eigentümer Cable&Wireless und die Media One Group ihre Verkaufsbereitschaft angekündigt hatten. Im Bieterkampf um One-2-One standen die großen internationalen Telefonkonzerne Telecom Italia und France Télécom sowie Mannesmann und die französische Vivendi. Die übrigen Mobilfunkanbieter dürften in festen Händen sein. Marktführer Vodafone hat sich im Januar für einen Zusammenschluß mit der amerikanischen Mobilfunkgesellschaft Air Touch entschieden und ist zur Nummer eins weltweit im Mobilfunk aufgestiegen. BT Cellnet ist mittlerweile ganz im Besitz von BT. Der britische Telefonkonzern hat unlängst die restlichen 40 Prozent aus dem Besitz von Securicor übernommen. Orange ist zu etwa 45 Prozent im Besitz von Hutchinson Whampoa.

Phantasie ohne die geringste Kenntnis der Zusammenhänge muss in Chaos und Verderben münden. Hier zeigt sich wieder einmal das eherne Gesetz des Journalismus in seiner ganzen Autorität: je geringer die Ahnung von der Sache, umso größer die Kühnheit im sprachlichen Ausdruck.

Ein erster Akzent

Mit der Übernahme der Mobilfunkgesellschaft One-2-One setzt die Deutsche Telekom einen längst überfälligen Akzent und gibt der Strategie einer internationalen Ausrichtung des Unternehmens eine erste Kontur. Auch die Wahl eines Mobilfunkanbieters für den ersten Schritt der globalen Ausrichtung macht Sinn. Die in diesem Geschäft in Europa zu erwartenden Wachstumsraten und erheblich höheren Gewinnmargen als im Festnetz machen die Investitionen in das britische Unternehmen zu einem gelungenen Coup. Daran ändert auch die Tatsache nichts, daß der Einkauf auf der Insel nicht gerade als Sonderangebot bezeichnet werden kann. Aber daran werden sich alle Mitspieler im Telekommunikationsgeschäft gewöhnen müssen. Die Zeit, in der wachstumsstarke und gut geführte Unternehmen für wenig Geld zu erwerben waren, ist endgültig vorbei. Wer heute eine Mehrheitsbeteiligung oder gar ein komplettes Unternehmen kaufen will, muß tief in die Tasche greifen. Dies gilt auch für Beteiligungen im Festnetz. Hier wird sich die Telekom sehr anstrengen müssen, um einen Einkauf in ähnlicher Größenordnung finanzieren zu können. Nimmt man jedoch die Einnahmen, die dem Unternehmen aus einem Verkauf seines Kabelnetzes und der zweiprozentigen Beteiligung an der France Télécom zufließen könnten, ergibt sich eine ansehnliche Manövriermasse für weitere Akquisitionen. Wahrscheinlicher als ein weiterer Kompletteinkauf ist allerdings eine enge Kooperation mit einem weiteren Branchenriesen. Der wird aber noch gesucht.

Virgin und One-2-One arbeiten zusammen (FAZ 184,16)

Der britische Unternehmer Richard Branson hat mit dem Mobilfunkmarkt ein neues Betätigungsfeld entdeckt und will dabei mit One-2-One zusammenarbeiten, der künftigen Tochtergesellschaft der Deutschen Telekom. Virgin Group plc. und One-2-One gründen ein Gemeinschaftsunternehmen, in das sie 100 Millionen Pfund (rund 293 Millionen DM) investieren und das sie zu jeweils 50 Prozent halten wollen. Die Unternehmen kündigten In London an, daß die neue Gesellschaft in ihrem ersten Jahr 500 Arbeitsplätze schaffen und der größte britische Einzelhändler dieses Sektors sein werde, denn die Mobiltelefone werden in dreihundert Virgin-Geschäften vertrieben. Neben den existierenden Marken

Vodafone, BT Cellnet, Orange und One-2-One wird Virgin die fünfte Mobilfunkmarke Großbritanniens aufbauen.

Die Verantwortung für die Marke übernimmt Virgin, während One-2-One sein Netz zur Verfügung stellt und damit auf eine bessere Auslastung hofft. Virgin will seine Mobiltelefone in seinen 220 Geschäften namens Our Price verkaufen und einige davon in reine Mobilfunkläden umwandeln. Außerdem sollen die neuen Telefone in den 85 Megastores angeboten werden, die sich bisher mit CD, Videos und Computerspielen an ein besonders junges Publikum richten. Die Unternehmen hoffen, daß die gezielte Ansprache von jungen Kunden den Absatz der Mobiltelefone beflügelt. Weiterhin wächst der britische Markt in hohem Tempo. Fachleute rechnen damit, daß der Anteil der Mobilfunkbesitzer bis zum Ende des Jahres um vier Millionen auf ein Drittel der Bevölkerung oder über 18 Millionen Menschen steigt.

Chairman des neuen Unternehmens wird Richard Branson sein, Tim Samples, Managing Director von One-2-One, wird dem obersten Führungsgremium angehören. „Wir sehen diese Allianz als exzellenten Weg, um die Virgin-Philosophie nicht nur auf die akustische Telephonie, sondern auch auf den elektronischen Handel zu übertragen", sagte Branson. Die Aktivitäten der Virgin-Gruppe reichen von einer Fluggesellschaft über den Betrieb von Zügen bis zum Tourismus und zu Finanzdienstleistungen. All diese Angebote sollen künftig miteinander vernetzt und über Mobiltelefone besonders leicht erreichbar sein, sagte Branson. In der Vergangenheit hat der Eintritt von Virgin auf etlichen Märkten zu erheblichen Preisnachlässen geführt, auch wenn Virgin dabei teilweise Verluste in Kauf nimmt.

Das Unternehmen will die Telefone auch seinen 4,5 Millionen Kunden der Fluggesellschaft Virgin Atlantic anbieten. Internationale Kunden sollen mit einem Triband-Telefon angesprochen werden, das in Amerika und anderswo funktioniert. Jedes Gerät ist zusätzlich mit einem Ohrstöpsel ausgestattet – für jene Kunden, die der elektronischen Strahlung in Kopfnähe mißtrauen. Das neue Unternehmen wird rechtzeitig zum Weihnachtsgeschäft an den Start gehen, heißt es.

Analysten sehen Übernahme von One-2-One positiv

Die Mehrzahl der Aktienanalysten schätzt die Ankündigung einer vollständigen Übernahme der britischen Mobilfunkgesellschaft One-2-One durch die Deutsche Telekom positiv ein. Sie ermögliche den Eintritt in den wichtigen britischen Markt, in dem die Telekom bisher nicht vertreten war. Den Kaufpreis von insgesamt 6,7 Milliarden Pfund (rund 19,6 Milliarden DM) sehen die Analysten als fair an. Die deutschen Börsen reagierten auf *die Ankündigung zunächst mit Kursgewinnen von 37,65 auf rund 39 Euro. Im weiteren Handelsverlauf bröckelten die Kurse dann unter das Vortagesniveau ab, während der Deutsche Aktienindex DAX zulegen konnte. Marktbeobachter sagten, nach der Anfangseuphorie über die Übernahme wären sich die Händler zunehmend darüber klar geworden, daß die Ergebnisse der Telekom in den kommenden beiden Jahren stark belastet werden dürften. An der Londoner Börse legte Cable & Wireless, einer der beiden Aktionäre von One-2-One, bis zum Nachmittag um 1,35 Prozent zu.*

„Der Preis für One-2-One ist unter Berücksichtigung der Alternativen fair", sagte Holger Grawe von der WestLB Panmure. Ein Einstieg in den britischen Mobilfunkmarkt durch eine Übernahme des Telekommunikations-Unternehmens Orange wäre rund 45 Prozent teurer geworden. Da Orange im Gegensatz zu One-2-One börsennotiert ist, hätte die Deutsche Telekom ein öffentliches Angebot an die Aktionäre unterbreiten müssen, das deutlich über dem fairen Wert des britischen Unternehmens gelegen hätte. Zudem wäre fraglich gewesen, ob die Deutsche Telekom dann 100 Prozent der Anteile hätte übernehmen können. Grawe wird den erwarteten Gewinn je Aktie in den kommenden Tagen deutlich senken, an der Kaufempfehlung für die Aktien hält er aber zunächst fest. Eventuell werde die Aktie aber in der kommenden Woche heruntergestuft. Aus strategischer Sicht ist nach Grawes Meinung zudem positiv, daß die Telekom mit der Übernahme von One-2-One nun eine Trumpfkarte in die Verhandlungen mit der spanischen Telekommunikationsgesellschaft Telefonica und der amerikanischen Gesellschaft Sprint einbringen kann.

Michael Schatzschneider von der BHF-Bank bezeichnete den Preis für die Übernahme "am unteren Ende des Möglichen". Für die Jahre 2000 und 2001, in denen die Übernahme in der Bilanz voll konsolidiert sein wird, wird er die Gewinne je Aktie um mehr als 20 Prozent reduzieren. Er empfiehlt den Anlegern weiterhin, die Aktie zu halten. Aktionäre des Telekom-Konkurrenten Mannesmann bräuchten sich durch die Übernahme von One-2-One nicht zu beunruhigen. Auf dem europäischen Mobilfunkmarkt sei Mannesmann weiter führend. Die Tatsache, daß der Preis für One-2-One deutlich unter den ursprünglich gehandelten Summe liegt, könne für den anstehenden Verkauf des E-Plus-Netzes bedeuten, daß dafür eher 20 als die bisher gedachten 30 Milliarden DM erlöst werden können.

Der Telekom-Analyst der Bankgesellschaft Berlin, Ralf Hallmann, sagte, der Kaufpreis sei insofern als angemessen anzusehen, weil die Telekom von einer schnellen Durchführung der Übernahme in wenigen Wochen profitiere. Zudem erhalte sie 100 Prozent der Anteile und mußte lediglich mit zwei Eigentümern, Cable & Wireless und Media One, verhandeln. Er hat eine neutrale Haltung zur Aktie des deutschen Unternehmens. Die hohen Abschreibungen auf den Firmenwert, die fast 90 Prozent des Kaufpreises ausmachten, und die Verbindlichkeiten von One-2-One, die von der Telekom teilweise übernommen würden, führten aber dazu, daß die Bank die bisherigen Gewinnschätzungen anpassen müsse. Erst im Geschäftsjahr 2001 wird One-2-One nach Meinung von Hallmann die Gewinnschwelle erreichen. Immerhin verfüge das Unternehmen aber über 2,65 Millionen Kunden. Dies entspreche einem Marktanteil von 16 Prozent. Die Zahl der Geschäftskunden, die er mit nur 365000 bezifferte, steige.

Für künftige Übernahmen habe die Telekom aber weiterhin noch Ressourcen, meinte Hallmann. Sie könnten aus dem hohen Cash-Flow, aus einem Verkauf des Kabelnetzes, oder aus einer Auflösung der Beteiligung bei der France Télécom finanziert werden. Diese Beteiligung hat nach dem Ende der Zusammenarbeit des deutschen mit dem französischen Telekommunikationsunternehmen an Bedeutung verloren.

Die Analysten der Investmentbank Goldman Sachs erwarten für die Aktien der Deutschen Telekom eine überdurchschnittliche Kursentwicklung. Die Gewinnschätzung für die Jahre 1999 und 2000 hoben sie im Gegensatz zur Mehrheit der Analysten auf 0,89 und 1,10 Euro je Aktie an. Zuvor hatten sie 0,82 und 1,02 Euro erwartet. Das Kursziel für die Aktie geben die Analysten mit 46 Euro an.

Und jetzt kamen noch die ahnungslosen Analysten ins Spiel.

Deutsche Telekom denkt nach One-2-One-Kauf an weitere Übernahmen (Die Presse, 10.08.1999, S.17)

Nach dem Kauf des britischen Mobilfunk-Konzerns One-2-One denkt die Deutsche Telekom an weitere Übernahmen. „Der Kauf von One-2-One ist sicher nicht das Ende unserer Ambitionen in dieser Richtung", sagte Telekom-Vorstandschef Ron Sommer am Montag vor der Presse in London.

Sommer wollte eine einheitliche europäische Mobilfunkmarke aufbauen, wobei man an die Miteinbeziehung weiterer Partner denke.

Durch die am Freitag bekannt gegebene Milliardenübernahme von One-2-One sollten sich die Geschäftsaussichten der Telekom auf lange Sicht deutlich verbessern. Der Kauf werde das Konzernergebnis nur kurze Zeit belasten und sich in wenigen Jahren positiv bemerkbar machen. Nach dieser Ankündigung machte die T-Aktie an der Frankfurter Börse mehr als drei Prozent gut. Händler sprachen von einzelnen Kauforders, die das Papier bei sommerlich dünnen Börsenumsätzen steigen ließen.

Die Telekom erklärte, sie werde möglicherweise ihre Mobilfunk-Aktivitäten an die Börse bringen, um weitere Zukäufe zu finanzieren. Dafür gebe es aber keinen Zeitplan. Auch würde die Telekom in diesem Fall die Mehrheit behalten. Es gebe keinen Grund, keine große Fusion anzustreben, hieß es. Die Telekom werde kein weltweit agierender "Global Player" sein, wenn sie nicht gleichwertige Standbeine in den USA und Europa habe.

Über angebliche Übernahmepläne der Telekom wird seit dem Scheitern der Fusion mit Telekom Italia viel spekuliert. Neben One-2-One waren auch die spanische Telefonica und die US-Gesellschaft Sprint als angebliche Partner gehandelt worden. Der Kauf von One-2-One solle vor Abschreibungen auf den Firmenwert spätestens im Jahr 2003 ergebnisneutral sein, so Sommer weiter. Der immaterielle Firmenwert des Zukaufs betrage 7,3 Milliarden Pfund.

Die Telekom hatte am Freitag überraschend bekannt gegeben, sie kaufe nun für insgesamt 8,4 Milliarden Pfund (12,4 Mrd. Euro) inklusive (!) übernommener Schulden den wachstumsstarken Mobilfunkanbieter One-2-One. Synergien erwarte man unter anderem in den Bereichen Verwaltung, Marketing, Einkauf, Infrastruktur und Netzzusammenschaltung.

Zeit zum Durchatmen (Eine Hintergrundinformation) (FAZ 186,25)

Wecken Telekommunikationsaktien noch die Kursphantasien vergangener Tage? Frank Rothauge, Spezialist für Telekommunikationswerte beim Bankhaus Sal.Oppenheim, meint, daß die meisten Telekommunikationswerte in Deutschland momentan fair bewertet sind. Er empfiehlt, sich bei der Betrachtung der einzelnen Aktien die Geschäftsfelder der Unternehmen anzusehen, um das Kurspotential dieser Werte richtig einzuschätzen.

Im Festnetzgeschäft seien die Margen der Anbieter im Zuge der Liberalisierung erheblich unter Druck geraten, das habe sich in den Kursen der betreffenden Aktien niedergeschlagen. Doch Rothauge ist optimistisch: „Die Anbieter im Festnetzgeschäft können nun langsam durchatmen, der Margendruck wird hier nicht weiter zunehmen." Nur in ausgewählten Bereichen, so etwa bei internationalen Ferngesprächen und Gesprächen in Mobilfunknetzen, werde es noch zu Preissenkungen kommen. Allerdings zeigen sich die Schwierigkeiten im Festnetzbereich erst jetzt richtig in den Bilanzen der Unternehmen. „Vor allem Teldafax, die in der kommenden Woche neue Quartalszahlen vorlegen wollen, leiden unter dem Preisrutsch im Festnetz, während beispielsweise die Telekom die Ergebnisrückgänge im Festnetzbereich vor allem durch die Ergebnisse in den stärker wachsenden Bereichen kompensieren könne", sagte Rothauge.

Zu diesen attraktiven Geschäftsbereichen zählt seiner Meinung nach vor allem das Mobilfunkgeschäft. „*Das Mobilfunkgeschäft expandiert stark und sicher den Anbietern momentan aufgrund der Regulierungslage und der derzeitigen Wettbewerbssituation hohe Margen", erläutert Rothauge. Zwar gebe es einen leichten Preisdruck, dieser werde jedoch von den Umsatzsteigerungen durch die zahlreichen Neukunden mehr als kompensiert.*

Ein weiterer attraktiver Geschäftsbereich sei das Online-Geschäft; vom Geschäftsvolumen her wachse dieser Bereich am stärksten, sagte Rothauge. Allerdings seien in diesem Geschäft die Margen mittlerweile ebenfalls stark unter Druck geraten, so daß ein Anbieter eigentlich nur noch Geld verdienen könne, wenn er über ein eigenes Netz und einige Einwahlknotenpunkte verfüge, so wie beispielsweise die Telekom, Arcor oder Mobilcom. Reine Service-Provider wie Gigabell, die ihre Kunden nur einen Zugang zum Internet bieten, werden nach der Ansicht von Rothauge mit sehr knappen Margen leben müssen.

Eine Strategie, dem Preisdruck im Geschäft mit Internet-Zugängen zu begegnen, bestehe darin, sich mehr auf das Angebot von Inhalten im Internet und auf den elektronischen Handel (E-Commerce) zu konzentrieren. Das sei auch ein Teil der neuen Strategie von Mobilcom, die diesen Bereich aus dem Unternehmen ausgliedern und an die Börse bringen wolle. Rothauge glaubt, daß diese neue Aktie durchaus interessant sein könnte. Für die Mobilcom-Aktionäre könne diese Aktie ein Pflaster auf die Wunden aus dem Telekommunikationsbereich werden. Auch die Telekom plant weitere Aktienemissionen: So will sie gleichfalls den Marktführer im Geschäft um den Internet-Zugang und Inhalte im Internet, T-Online, an die Börse bringen. Momentan seien die Erwartungen an diese Aktie noch sehr hoch und müssen sich erst einmal normalisieren, sagt Rothauge. Langfristig jedoch sei die Aktie durchaus attraktiv.

Auch das Mobilfunkgeschäft T-Mobil will die Telekom an die Börse bringen. Dahinter stehe auch die Überlegung, neue Aktien als zusätzliches Finanzierungsinstrument für weitere Akquisitionen zu nutzen. Beim Stichwort Akquisitionen muß natürlich die Frage nach dem jüngsten Einkauf der Telekom fallen.

„Optisch sieht der Kaufpreis zunächst recht teuer aus, aber One-2-One ist ein dynamisches Unternehmen, das schnell wächst und jetzt schon zum direkten Konkurrenten Orange aufgeschlossen hat", sagt Rothauge. Die Diskussion um die Expansion der Telekom im Ausland sieht Rothauge gelassen. „Eine internationale Expansionsstrategie ist nur im Mobilfunk und

im Online- oder Datengeschäft sinnvoll, im Festnetzbereich ist das Ausland eher ein Nebenkriegsschauplatz: Das reine Zukaufen von Telefonanschlüssen bringt wenig Mehrwert", erklärt er. Die Synergieeffekte seien hier im Vergleich zur Größe der Unternehmen eher gering. „Im Falle der Telecom Italia wurde viel Lärm um wenig gemacht", meint Rothauge. Wenn aber die Telekom nun die attraktiven Geschäftsbereiche wie den Mobilfunk und das Online-Geschäft ausgliedert, warum soll der Aktionär dann noch die "alte" Telekom-Aktie halten? Hier nennt Rothauge das nach wie vor attraktive Geschäft der Telekom mit den Telefonanschlüssen und ihre Stärke bei anspruchsvollen Datenlösungen beim Datenaustausch zwischen Unternehmensnetzen. „Mit der T-Aktie werden die Aktionäre sicherlich nicht so viel Geld verdienen wie in den vergangenen zwölf Monaten, aber es gibt für langfristig orientierte Investoren keinen Anlaß, von der Aktie Abstand zu nehmen", lautet Rothauges Fazit.

Auch die Aktie von Mannesmann eignet sich seiner Auffassung nach als langfristiges Engagement, auch wenn die Übernahme von Omnitel und Infostrada sich in den kommenden drei Jahren negativ auf das Ergebnis je Aktie auswirken werde. Allerdings erwartet Rothauge, daß Mannesmann stärker wachsen wird als die Telekom. Die Aktie von Mobilcom sei nun mittlerweile so günstig geworden, daß eine Verkaufsempfehlung nicht mehr gerechtfertigt sei.

Die Einschätzung der Aktie von Teldafax bewege sich in einem schwierigen Umfeld, habe aber eine Chance, profitabel im Markt zu bleiben. Für alle Unternehmen, die kleiner als Teldafax seien, werde es sehr schwer werden, im Markt zu bleiben, mein Rothauge.

Mit Dichtung und Wahrheit ging es weiter voran:

Handelsblatt Datum: 07.01.2003 13:46 Uhr

http://www.handelsblatt.com/archiv/experten-sehen-t-aktie-auf-dem-weg-nach-oben-telekommunikationswerte-vor-dem-comeback/2218354.html

**Experten sehen T-Aktie auf dem Weg nach oben
Telekommunikationswerte vor dem Comeback**

Alle Dax-Werte im Minus, Deutsche Telekom im Plus. Ein ungewohntes Bild, das sich aber in nächster Zeit noch öfter zeigen könnte. Während die meisten Branchen in den vergangenen Wochen unter Druck standen, zeigte ausgerechnet der Telekomsektor, den viele Anleger innerlich schon abgeschrieben hatten, eine wesentlich bessere Entwicklung als der Gesamtmarkt.

vwd/rtr FRANKFURT. Das hat freilich gute Gründe, denn nach einer mehrjährigen Talfahrt zeichnet sich bei den Telekomwerten nun endlich eine Trendwende ab. "Die gute Entwicklung der Telekomtitel wird anhalten", meint Analyst Frank Rothauge von Sal. Oppenheim und fügt hinzu: "2003 wird deutlich steigende Ergebnisse der Gesellschaften bringen."

Auch er hatte schlichtweg keine Ahnung, worauf sich die Telekom hier eingelassen hatte.

Und nun?

Glauben Sie aus dem Text etwas Verwertbares entnehmen zu können? Doch nicht wirklich. Es hat einen Grund, weshalb man in der Mathematik komplexe Zusammenhänge in Gleichungen formuliert. In herkömmlicher Sprache wäre das nicht verständlich. Auch für Mr. Sommer. Er hätte sonst wohl anders entschieden, denn es war über Jahre hinweg ein Durcheinander, ein Auf und Ab der Kapitalflüsse und des Aktienkurses. Ein Verhau wie im Libretto des Figaro, doch ohne Mozarts Musik nicht ganz so heiter.

Ich wollte den Zusammenhang möglichst gut verstehen und hatte dazu nichts anderes getan, als den ganzen Inhalt abzuschreiben und in ein Prozessmodell zu konvertieren.

Wie das ging? Siehe Kapitel 9.2 *Blindflug durch ein Projekt*.

Es ist zwecklos darüber zu diskutieren, was gewesen wäre, hätte Ron Sommer das Prozessmodell gekannt, aus dessen Struktur sich für den Fachmann nach erster prozeduraler Analyse die nachfolgenden Schwierigkeiten abzeichneten.

Was war da eigentlich mit seinem Freund, dem deutschen Bundeskanzler Schröder gewesen? Auch bei ihm eine Diskrepanz zwischen Selbstbewusstsein und Ahnungslosigkeit von den Sachverhalten, denn ihr Zusammenhang war viel zu komplex, um sie aus einen politischen Bauch heraus zu durchschauen. Seine Nachfolgerin hatte später die Energiewende praktiziert, auch ohne die geringste Ahnung von den Schwierigkeiten, die sie mit einer solch gigantischen Unternehmung erwarteten.

Eine beklemmende Common Mode Struktur in beiden Projekten, die miteinander sonst nichts gemeinsam hatten, doch war da eine Gruppe völlig Ahnungsloser, die sich derselben Taktik und Qualität der Argumentation bedienten, wie die Presse. Diese hatte damals geschrieben (FAZ.NET Mai 2002) „Ron Sommer hat gut gearbeitet. Bundeskanzler Gerhard Schröder hat den Vorstandschef der Deutschen Telekom, Ron Sommer, gegen Kritik verteidigt ..."

Heute klingt das, auch in anderen Zusammenhängen, speziell der weiteren *Karriere* des ehemaligen Bundeskanzlers wie ein bitterer Scherz.

Bis zum Untergang hatte es im Leben von Ron Sommer nur eine Richtung gegeben: aufwärts. Nach dem Mathematikstudium hatte er angeblich schon im Alter von 21 Jahren den Doktortitel erworben und danach schnell bei Nixdorf und Sony Karriere gemacht. Im Mai 1995 war er mit gerade 45 Jahren Chef der Deutschen Telekom geworden, hatte den Staatskoloss an die Börse gebracht und mit der T-Aktie Millionen Bundesbürger zu Aktionären gemacht. Doch als die T-Aktie nach einem unglaublichen Höhenflug plötzlich eingebrochen war und Millionen Kleinaktionäre ihr Geld verloren hatten, hatte man vom „Totengräber der Aktienkultur" und vom „Vernichter von Volksvermögen" gesprochen und die Konsequenzen gezogen.

Zwölf Jahre nachdem Sommer den Chefsessel bei der Deutschen Telekom geräumt hatte, erinnerte er sich an diesen Tag. Er habe seine Familie angerufen und gefragt, ob er um den Posten kämpfen oder zurücktreten solle.

„Ein Sohn sagte: Lass uns die Koffer packen und ab in die USA, ist doch viel schöner. Und der andere, der sehr sportlich orientiert ist, sagte: Du musst kämpfen und du musst gewinnen."

Nach langem Kampf habe er sich zum Rücktritt entschlossen. Wie er den Machtverlust im Jahr 2002 verkraftet habe? Ron Sommer zögert einen Augenblick, bevor er die Frage beantwortet. *„Das war sehr schwierig"*, räumt er ein. *„Aber meine Frau hat mich immer geerdet."*

Nach dem Abschied von der Telekom habe sie ihm ein regelrechtes *„Down-to-earth-Programm"* verordnet. So seien sie mit einer Low-Cost-Airline nach London geflogen. *„Ich kannte das ja gar nicht, bei der Sicherheitskontrolle das Sakko ausziehen zu müssen und abgetatscht zu werden. Das war gewöhnungsbedürftig."*

Am Airport habe auch kein Wagen gestanden wie sonst, sondern seine Frau habe ihn zur U-Bahn geführt. Das Programm sei ein voller Erfolg gewesen, meint Sommer. *„Heute beherrsche ich alles, was ich brauche."*

https://www.welt.de/wirtschaft/article130615513/Heute-beherrsche-ich-alles-was-ich-brauche.html

https://fazarchiv.faz.net/fazSearch/index/searchForm?q=ron+sommer&search_in=&timePeriod=timeFilter&timeFilter=&DT_from=&DT_to=&KO%2CSO=&crxdefs=&NN=&CO%2CE=&CN=&BC=&submitSearch=Suchen&maxHits=&sorting=&toggleFilter=&dosearch=new&offset=970#hitlist **Stand 2001 FAZ** https://fazarchiv.faz.net/fazSearch/index/searchForm?q=ron+sommer&search_in=&timePeriod=timeFilter&timeFilter=&DT_from=&DT_to=&KO%2CSO=&crxdefs=&NN=&CO%2C1E=&CN=&BC=&submitSearch=Suchen&maxHits=&sorting=&toggleFilter=&dosearch=new&offset=730#hitlist   **Stand 2002 FAZ**

Das war also ein Kapitel aus dem Märchen der Deutschen Telekom. Letztlich ist alles gut ausgegangen, doch hätte sich Ron Sommer mit einer professionellen Analyse viel erspart. Erinnern Sie sich noch an das Ziehen am gemeinsamen Strang? Jeder wollte ein Stück haben, und so drückten und zerrten beispielsweise 13 Beteiligte an einem Knoten (Abb. 5, Mitte rechts), daher zurück zur knallharten Realität des Prozessmanagements mit einigen wichtigen Fragen aus dem Kontext:

1. Hatten sie in diesen vielen Sätzen wichtige Ziele erkannt?
2. Wussten sie aber, wer was tun sollte, um diese Ziele zu erreichen?
3. Konnten sie irgendwelche Teilprozesse erkennen?
4. Falls ja, welche Rolle spielten die Verantwortlichen dieser Teilprozesse?
5. Wo waren welche Schnittstellen dieser Prozesse?
6. Waren Risiken und ihre möglichen Ursachen definiert?
7. An welchen Stellen im Gesamtprozess griff der Gesamtverantwortliche ein?
8. Waren alternative Strategien definiert?
9. Was würden diese kosten?

Meinen Sie, dass Dr. Ron Sommer die Antworten kannte? Eigentlich muss er es geglaubt haben, weshalb sonst hätte er mit derart hohem Einsatz gespielt?

Es ist unbedeutend, wenn Sie in diesem Buch die Bezeichnungen der Prozesselemente nicht lesen können. In elektronischer Form ist alles lesbar, und dann sind alle weiteren Zusammenhänge erkennbar: Knotenpunkte, Dokumentzuordnungen, Schwachstellen. (siehe beispielsweise Abb. 6).

Nicht erkennbar sind diese Zusammenhänge aus den verbalen Beschreibungen. Vermutlich benutzen auch Sie solche nicht für eine Reisevorbereitung. Schon die Prozessstruktur zeigt denen, die sie lesen können, wo sich etwas tut (Abb. 5).

Ein solcher Verhau von Fragen, Vermutungen und Feststellungen ist nicht durchschaubar und ohne eine kausal modellgeführte Analyse nicht auflösbar. Es ist gefährlich, sich bei einem großen Unternehmen auf eine solche Wirrnis zu verlassen.

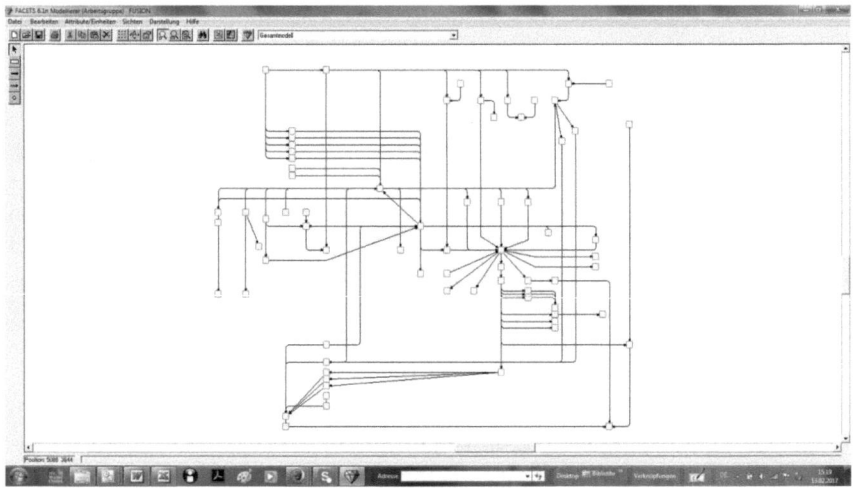

Abbildung 5: Deutsche Telekom. Struktur Gesamtprozess

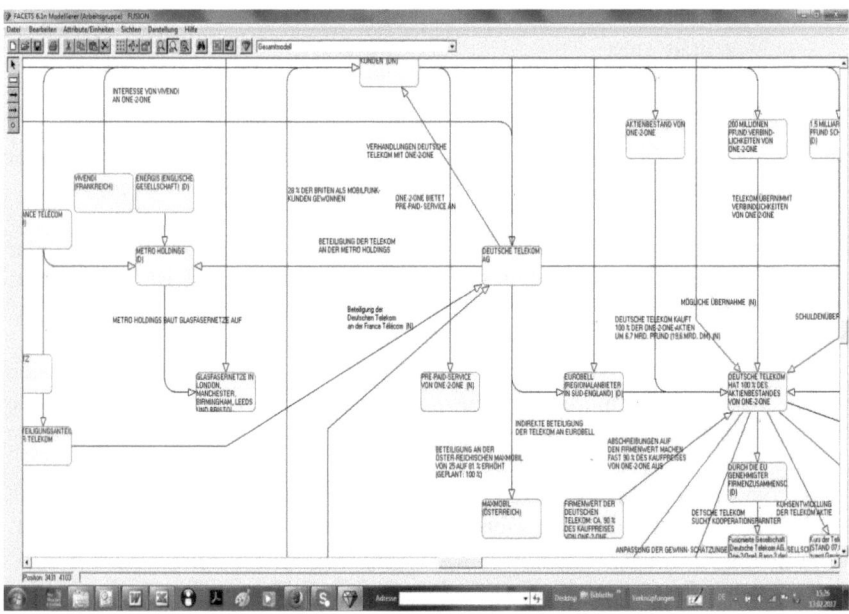

Abbildung 6: Deutsche Telekom. Ausschnitt Gesamtprozess

Die Angaben sind vage und zum Teil mysteriös:
- Links oben sind *Mobilfunknetze* in Österreich, Italien, Ungarn, Tschechien, Polen als Märkte erkennbar; angebliche One-2-One-Kunden.
- Links unten finden sich frei hängende *Märkte*: 15 oder 16 Mio. Mobilfunk-Kunden; Finnischer, Schwedischer, Italienischer Markt; bei quantitativen Angaben kommt es der Presse offenbar auf eine Million mehr oder weniger nicht an.
- Es gibt ein verkauftes E-plus-Netz: keine Angabe darüber wo es sich befindet; Glasfasernetze in London, Manchester, Birmingham, Leeds und Bristol: Was wollte man damit?
- Die Aussage, dass „erst im GJ 2001 die One-2-One Gewinnschwelle erreicht wird", hat was zur Folge? Die Antwort war offen.
- Die Analysten der Investmentbank Goldman Sachs erwarteten für die Aktien der Deutschen Telekom eine überdurchschnittliche Kursentwicklung; im Gegensatz zur Mehrheit der Analysten hoben sie die Gewinnschätzung für die Jahre 1999 und 2000 auf 0,89 und 1,10 Euro je Aktie an. Zuvor aber hatten sie 0,82 und 1,02 Euro erwartet. Das Kursziel für die Aktie gaben sie mit 46 Euro an.
- Dass „noch Kooperationspartner **gesucht** werden" (Mitte unten), bedeutete was?
- Dass „Wachstumsbereiche und Expansionspotentiale durch Fusionen und Zukäufe erreicht werden"; bedeutete was?
- Dass „**geplant** wird, ein Fernsehkabelnetz zu verkaufen", bedeutet?
- Dass neue Mobilfunkgenerationen UMTS **geplant** sind ...
- Dass ein Einheitspreis in Europa **geplant** ist ...
- Dass die Integration „übernommener Gesellschaften" **geplant** ist ...
- Dass Verhandlungen mit *Sprint und Telefonica* **möglich** sind ... „Über *angebliche* Übernahmepläne der Telekom wird seit dem Scheitern der Fusion mit Telekom Italia *viel spekuliert*. Neben One-2-One waren auch die spanische Telefonica und die US-Gesellschaft Sprint als **angebliche** Partner gehandelt worden. Der Kauf von One-2-One *solle* vor Abschreibungen auf den Firmenwert spätestens im Jahr 2003 *ergebnisneutral* sein", so Sommer weiter. Der immaterielle Firmenwert des Zukaufs betrage 7,3 Milliarden Pfund.
- Dass der Rückfluss von 20 Mrd. DM in das Unternehmen aus dem Erlös des 2. Börsengangs der Deutschen Telekom **geplant** ist.

Hätten Sie diesen **Konjunktivismus** auch ohne prozessgeführte Analyse entdeckt? Vielleicht. Oder auch nicht. Und dann?

Wie steht es mit ähnlichen waghalsigen Projekten:

Versuchen Sie das Schicksal der Telekom, wie es sich dargestellt und entwickelt hat,
- *auf die EU zu übertragen,*
- *auf die Situation bei VW*
- *auf den Berliner Flughafen BER*

Es gibt genügend Projekte, die sonderbar laufen und es werden immer mehr, denn es wird hastig, schlampig und unprofessionell gearbeitet. Durch solche Todsünden war der BER zur Vorzeigeblamage für den Exportweltmeister Deutschland geworden.

10 Abschluss

Die Frage: Wie geht man mit Todsünden um?
Die Antwort: man begeht sie nicht, wenn man weiß, wo sie sind.

Wie funktioniert das in der Praxis?

Lesen Sie jedes der sieben Kapitel genau durch und machen Sie sich die Ratschläge bewusst. Greifen Sie dann die drei aus ihrer Sicht Wichtigsten heraus. Wenn Sie sich einige Zeit mit ihnen beschäftigt haben, wird ihre Bedeutung schwinden und andere werden in den Vordergrund treten.

Übertragen Sie die Ansätze auf eines Ihrer Projekte. Nach ernsthafter Beschäftigung mit dem Thema werden Ihnen alle Schritte vertraut sein, die Prozessmanagement zu einem wirksamen Werkzeug machen.

11 Literatur

[1] R. Maier: First Transparency – Then Improvement. Proceedings of the International Symposium and Workshop on Systems Engineering of Computer Based Systems. 1995 Tucson, Arizona.

[2] H. Moldaschl: *fuzzy mapping*^{TM} – Vom Projektentwurf zum belastbaren Prozessmodell. CIO Journal 1, March 2000, Siemens AG, IK, Mch R

[3] M. Lehrke, L. Barrantes, C.-J. Großklaus, M. Schober, U. Winzentsen, B. Wild, A. Dillinger, J. Janssen, A. Wank, M. Schulze-Heuling, T. Moch, C. Roos, Y. Kiesel und H. Moldaschl: Prozessmanagement für Praktiker - Leitfaden für das Erkennen, Beschreiben, Bewerten, Umsetzen und Verbessern von Prozessen; DGQ-Band 14-26; Hrsg.: Deutsche Gesellschaft für Qualität e.V., Frankfurt; Beuth Verlag, Berlin, Wien, Zürich 2005

[4] H. Moldaschl: Energiewende – Der teure Traum vom Ökostrom. edition riedenburg Salzburg. 2014. ISBN: 978-3-902943-54-5

[5] H. Moldaschl: Diagnose Magenkrebs – So habe ich überlebt. edition riedenburg Salzburg. 2014. ISBN: 978-3-902943-68-2

„Diagnose Magenkrebs. So habe ich überlebt"
ISBN 978-3-902943-68-2 2. Auflage 2014
Verlag edition riedenburg Salzburg

„Energiewende. Der teure Traum vom Ökostrom"
ISBN 978-3-902943-54-5   2014.
Verlag edition riedenburg Salzburg

„Die Erschaffung der Wahrheit"
ISBN 978-3-903085-01-5   2015
Verlag edition riedenburg Salzburg

„Eukasia und die Reise zum Mars
ISBN 978-3743153592 2016
Verlag BoD – Books on Demand, Norderstedt